ぼくたち
はぴだんぶい No.1

「はぴだんぶい前夜」編　第1話 それは突然に…

★p.1〜5：サンリオ発行「いちご新聞」627号（2020年5月号）〜631号（2020年9月号）より

ぼくたち はぴだんぶい No.2

「はぴだんぶい前夜」編　第2話 仲間をつくろう

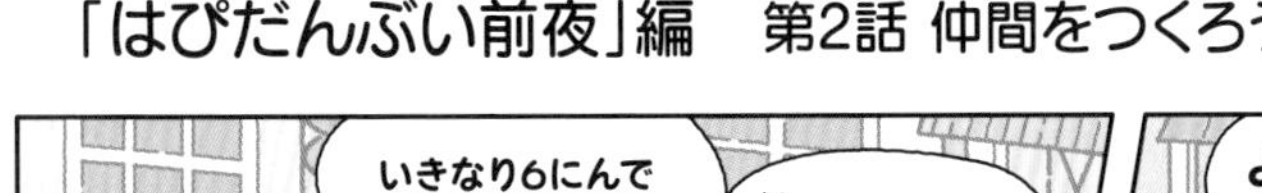

こわ～い?! ママに 着せられた おでかけ服

ミルナ

かわ♥いい

♡リリーボンボンズは、ぽんぽんりぼんのダンスユニット名です。

ぼくたち
はぴだんぶい No.3

「はぴだんぶい前夜」編　第3話 ヒーローとは…

フラッシュボーズか…
何もかも皆なつかしい…

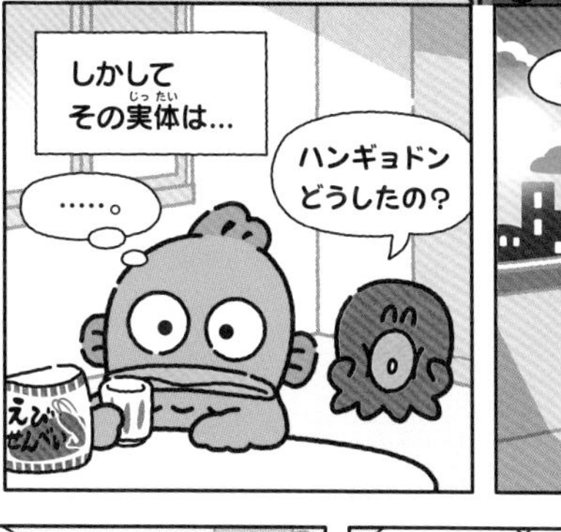

ぼくたち

はぴだんぶい No.4

「はぴだんぶい前夜」編　第4話 ダイエットできる？

何のポーズ？

ぼくたち
はぴだんぶい No.5

「はぴだんぶい前夜」編　第5話 始動!!

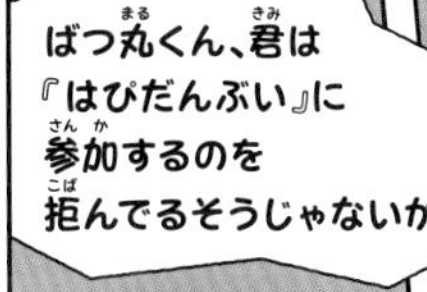

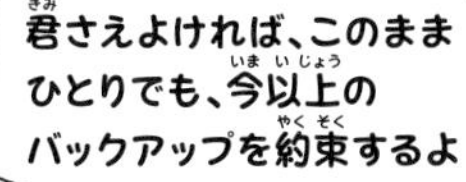

「はぴだんぶい前夜」編 おしまい

BAD BADTZ-MARU

AHIRUNOPEKKLE

KIMI WA KIMI NO

TUXEDOSAM

はぴだんぶい

HAPIDANBUI

「はぴだんぶい」は、2020年1月に結成された
サンリオ初のキャラクターユニット。
70〜90年代生まれの男のコキャラによる6にん組です。

時代が変わっても、ずっと自分らしさを大切にして活躍してきた彼らが「大丈夫！ 君は君のままで、きっとうまくいく。」を合言葉に、みんなをちょっとハッピーにする活動にチャレンジしています。

ひとりではできないことだって、6にんで協力すれば大丈夫。
そう、「いっしょだと、もっと楽しい、もっと幸せ!」

サンリオキャラクターズ はぴだんぶいファンブック チャレンジ！

巻頭 漫画『ぼくたち はぴだんぶい ―はぴだんぶい前夜―編』Vol.1～5 …P1

ぼくたち、はぴだんぶい！ …P10

はぴだんぶいのハッピーな日常 …P11

1st challenge バンドチャレンジ！ …P17

はぴだんぶい バンドデビューまでの道 …P18

ばつ丸が突撃！「オレたちに曲を作ってくれ！」 …P20

デビュー曲「ダイジョーブ」ミュージックビデオ …P22

2nd challenge おしごとチャレンジ！ …P25

働くって尊い！ 自分の天職を見つけよう！ …P26

〈コラボ〉ヴィレッジヴァンガード …P27
パニカムトーキョー …P28 ほか

★オマケCM1「今までやったことが、の巻」 …P32

3rd challenge おうちチャレンジ！ …P33

おうち時間を楽しもう！ …P34

ぬりえ …P36

★オマケCM2「やりすぎると逆効果?!の巻」「目標だけを見つめよう! の巻」
「幸せになるために、の巻」…P40

4th challenge ヒーローチャレンジ！ …P41

ハッピー戦隊はぴだんぶい結成！ …P42

漫画「ハッピー戦隊はぴだんぶい」Vol.1～7 …P44

「ハッピー戦隊★はぴだんぶい」ミュージックビデオ …P48

グッズ紹介 …P50

★オマケCM3「期待通りにいかなくても…の巻」…P52

5th challenge モテチャレンジ! …P53

モテの道は一日にして成らず! …P54

はぴだんぶい×長州力さん モテマッスルエクササイズ …P58

はぴだんぶい×@小豆さん 告白チャレンジ …P60

6th challenge …P63

目指せ、お笑い第8世代! …P64

はぴだんぶいがEXITにネタ見せ! …P66

ばつ丸×けろっぴ「BAKEXIT」 …P67

ポチャッコ×ペックル「POCHAPEXIT」 …P68

ハンギョドン×タキシードサム「HANTAXEXIT」 …P69

★オマケCM4 「予測不能な未来、の巻」「きちんとした言葉遣いは、の巻」「人の評価を気にして、の巻」…P70

グッズコレクション …P71

コラボレーションアイテム …P72

タワーレコード/サンスター文具/ジェイワン/郵便局物販サービス/ナポリの男たち/ドン・キホーテ/パシオス/ベースオントップ/CLUB CITTA'/Avail/KINGLYMASK

バースデーお祝いシリーズ …P78 エージェントシリーズ …P81
ホワイトデーシリーズ …P82

はぴだんぶいメンバー紹介 …P83

タキシードサム …P84 ハンギョドン …P88 けろけろけろっぴ …P92
あひるのペックル …P96 ポチャッコ …P100 バッドばつ丸 …P104

インタビュー はぴだんぶいはこうして誕生した! …P108

はぴだんぶいHISTORY …P110

付録 特製シール
切り離して使える便箋&包装紙

ぼくたち、はぴだんぶい！

HAPIDANBUI

はぴだんぶいのメンバーをご紹介！
「はぴだんぶい」とは、
「ハッピーになりたい男子たち、V字回復をねらう」
という願いから名付けられました。

好奇心旺盛でおっちょこちょい。
ちょっぴりおせっかい。
より道お散歩が大好きなイヌの男のコ。

食いしん坊で、ちょっぴりドジくん。
由緒ある家柄で、育ちの良さが
滲み出るおぼっちゃま。

冒険好きで、元気いっぱい！
切り替えの早い、ノーテンキキャラ。

いたずら好きで、
あまのじゃくなペンギンの男のコ。
本当は男気溢れるイイヤツ？

中国生まれの半魚人。
寡黙で何が起きても動じず器が広い。
実は、さびしがり屋のロマンチスト。

おひとよしで、ココロの優しい男のコ。
歌とダンスが大好きで、
夢は空を飛ぶこと。

★それぞれの詳しいプロフィールはp.83～で紹介しています。

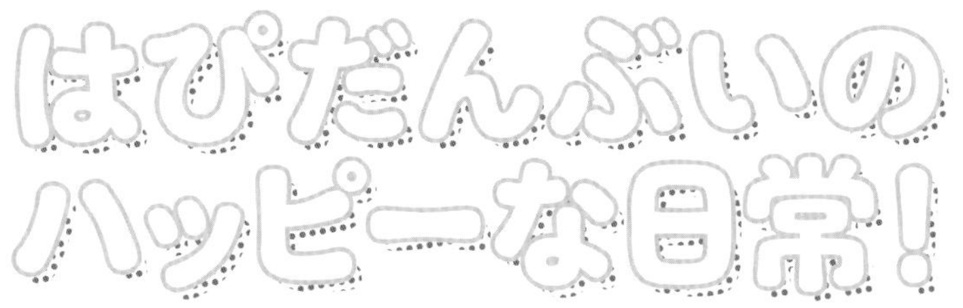

はぴだんぶいのメンバーは
いつも一緒で仲良し!
お正月やクリスマス、夏休みなど、
どんなふうに毎日を
過ごしているのでしょうか。
ドタバタで楽しい日々をレポート!

6月27日

ハンギョドン
「…食べるときは、できるだけ並んで食べるといいんだって」
けろっぴ
「並んで食べるとおいしいね♪」

10月12日

ペックル「秋だねえ…」
けろっぴ「芸術の秋だなあ」
タキシードサム
「…けろっぴにとっては、
食欲の秋でしょ」

10月27日

ペックル
「今日から読書週間だよ! たくさん読書しよう!」
タキシードサム
「ちなみにみんな、読書のともってある? 僕はメガネ!」
けろっぴ「おにぎり!」
ハンギョドン「お茶!」
ポチャッコ「クッション!」
ばつ丸「お菓子!」

10月31日

けろっぴ「みんな! ハッピーハロウィーン!」
ポチャッコ
「楽しいハロウィーンになりますように!」
タキシードサム「トリックオア」
ハンギョドン「トリート!」
ばつ丸
「お菓子くれてもくれなくても
いたずらするぞ!」
ペックル「いたずらしたいだけじゃん」

★p.11〜16:はぴだんぶい公式Twitterより

12月8日

タキシードサム「うわあ、キレイだねえ・・・でもみんなは？」
ポチャッコ「寒いの苦手なんだって」
タキシードサム「ぼくたちは大好きだけどね！」
ポチャッコ「みんなも風邪とかいろいろ注意して楽しもうね♪」

12月24日

ばつ丸「メリークリスマース!!!」
ペックル「クリスマス！」
けろっぴ
「あれ、ばつ丸予定あるって言ってなかった？」
タキシードサム「結局来てるし…」
ハンギョドン
「むしろ、誰より早く楽しんでるし…」
ポチャッコ「ペックルつられてるし…」

12月28日

タキシードサム「大掃除大変だなー…」
けろっぴ「でもぼくはお掃除大好きだよ！」
ポチャッコ「お掃除のお仕事もやってみたいなー♪」
ばつ丸「オレ様は嫌だぞ！」
ペックル
「いるよねー、大掃除で出てきたモノで
遊んでるだけの人…」
ハンギョドン「（ドキ…）」

12月31日

ポチャッコ「みんな！ 今年一年！」
タキシードサム
「はぴだんぶいを応援してくれて、」
けろっぴ「ほんとにありがとう♪」
ハンギョドン
「いろいろあったけど」
ばつ丸
「来年は絶対いい年になるぞ！」
ペックル
「来年もわちゃわちゃ賑やかに行くよ！」

1月1日

ポチャッコ「明けましておめでとう!」
けろっぴ「今年はもっともっと!」
ペックル「いい年になりますように!」
ハンギョドン「応援してね!」

1月3日

ポチャッコ「今年は、もっと…」
ペックル「みんな仲良く!」
けろっぴ「個性を活かして」
ハンギョドン「全員一緒に…」
ばつ丸
「人気者になれますように!
(…でもオレ様だけでもいいぞ)」
タキシードサム
「ばつ丸、聞こえてる…」

1月7日

ばつ丸「あ! アマビエハンギョドンだ!」
けろっぴ「やったー! 無病息災!」
タキシードサム「やったー!」
ペックル「ん、でもあれ草じゃない?」
ポチャッコ「七草粥だ!」
ペックル「ま、それでもいいか~!」

1月11日

けろっぴ「新成人のみなさん!」
ハンギョドン「おめでとう!」
ペックル「大人の仲間入りだね!」
ばつ丸
「大人だって遊んでいいんだぞ~!」
ポチャッコ
「そうだけど、遊びも仕事も勉強も」
タキシードサム「がんばっていこう~!」

1月16日

けろっぴ「今日試験の人も、そうじゃない人も」
ポチャッコ「がんばった自分を信じて！」
タキシードサム「自信を持って！」
ポチャッコ「リラックスして！」
ペックル「今日という日の経験を楽しもうね！」
ばつ丸「・・・」

2月2日

ポチャッコ「節分は悪鬼疾病退散だよ！」
けろっぴ「みんなもやろうね！」
タキシードサム「鬼だぞ〜！」
ペックル「鬼だぞ〜！」
ハンギョドン「半魚人の呼吸！ えい！」
ばつ丸「半魚人の呼吸？」

5月1日

けろっぴ「ゴールデンウィーク！」
ペックル「キター！」
ポチャッコ「密はさけても！」
ハンギョドン「みっちり！」
ばつ丸「楽しもうなー！」

5月15日

けろっぴ
「連休終わりかー。やる気でないなー。」
ペックル「はぁ〜」
タキシードサム
「マジメなふたりがこんなことに…」
ポチャッコ「5月病だね…」
ばつ丸「ああー。オレ様も5月病だー。」
ハンギョドン
「ばつ丸はいつもそうだよね。」

6月12日

タキシードサム
「今日は恋人の日だよ!」
ポチャッコ
「そして、6月といえばジューンブライド!」
ばつ丸・ハンギョドン
「…。」
けろっぴ
「ふたりとも、お似合いだよ〜!」
ペックル
「結婚おめでとう!」

6月16日

けろっぴ
「♪あめあめふれふれ梅雨が来たー♪
じゃのめでおむかえうれしいなー! ワォッ!」
ペックル
「ピッチピッチ、チャップチャップ、ランランラン♪」
ハンギョドン
「ふたりとも、テンション高いな…」

6月21日

ペックル
「今日は一年で一番、太陽の出ている時間が長いんだって!」
けろっぴ「いっぱい遊べるね!」
ばつ丸「いっぱいお昼寝できるな…」
タキシードサム
「いつもいっぱいしてるじゃん…」

7月1日

ポチャッコ「今年の夏はいろいろやりたいね！」
ペックル「ライブしたい！」
けろっぴ「人気者になりたい！」
ばつ丸「オレ様はとにかく遊びたい！」
ハンギョドン「じゃあ…ぜんぶやっちゃう？」
タキシードサム「それぞれの師匠に会いに行っちゃう？」

8月3日

ばつ丸「あー、忙しい忙しい…」
ポチャッコ「どこが忙しいのー？」
けろっぴ「昼寝に忙しいねー…」
タキシードサム
「スイカ割りもしたいしね」
ペックル
「忙しくしたい気持ちは
あったんだけどねー…」
ハンギョドン「のんびりの夏もいいよね」

8月13日

けろっぴ「お盆だね！」
ばつ丸「盆ダンスだ！」
ポチャッコ「ふたりともそのお盆じゃないよ…」
ハンギョドン「お盆違いだね」
ペックル「え、じゃあなんのお盆？」
タキシードサム「誰か教えてあげて…」

8月31日

ばつ丸「あー！ 宿題終わらない！」
けろっぴ
「ちょこちょこやっとけばいいのに」
ハンギョドン「ねえ」
ペックル「忘れてた…！」
ポチャッコ「のんびりしすぎた…」
タキシードサム「手伝おうか？」

Chapter 1

バンドチャレンジ

はぴだんぶいがみんなをちょっとハッピーにするために最初にチャレンジしたのは「バンド」！ 人気3ピースバンド「KALMA」に楽曲提供を頼みに突撃訪問した様子や、おしゃれな衣装に身を包んだミュージックビデオを大公開します。

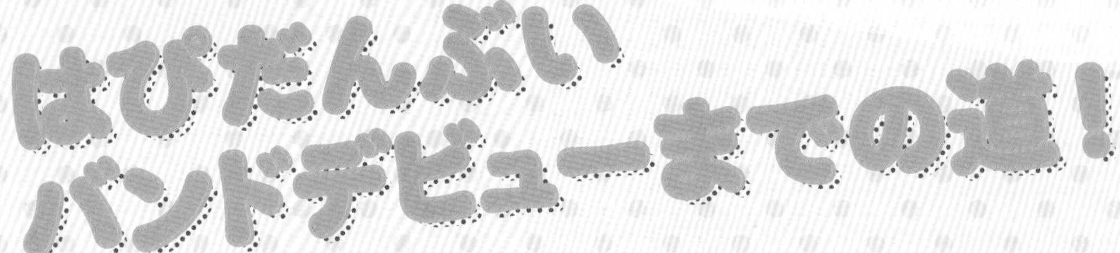

はぴだんぶい バンドデビューまでの道！

2020年2月初旬、楽器の特訓を始めたはぴだんぶいのメンバーたち。果たして1ヶ月後のライブ生配信やミュージックビデオの公開に間に合うのか……？ はぴだんぶいのメッセージを歌に乗せて届けるために、練習に励む6にんの姿をレポートします。

2020年2月3日

ポチャッコ
「なんと今年は
４年に一度の僕の誕生日
２月29日がくるよ！
そして、次の日の3月1日に、
はぴだんぶいのメンバーと
大きなチャレンジをするよ！
ただいま特訓中♪」

2020年2月5日

ペックル
「はぴだんぶいは、
いろんなことに挑戦するグループなんだ！
がんばるぞ！」

ハンギョドン
「なんか大変そうだなあ・・・」

けろっぴ
「ま、なんとかなるよ！ おにぎり食べる？」

2020年2月7日

タキシードサム
「さ、練習練習！
今日もがんばろう！」

ばつ丸
「オレ様は天才だから
練習なんていいんだよーだ！」

★p.18〜19、p.20上、p.24下：はぴだんぶい公式Twitterより

2020年2月26日

タキシードサム
「3月1日、ライブを生配信するよ！
ペックルも一生懸命練習しているから、
はぴだんぶいに期待していてね！」

2020年2月27日

ポチャッコ
「バンドのパートを紹介するよ！
僕はギターとボーカル！」
キーボード！ペックル！
ベース！ハンギョドン！
ドラム！タキシードサム！
タンバリン！けろっぴ！
そして、」
ばつ丸
「オレ様がはぴ！だんぶいの
リードボーカルだ！」
5にん
「ばつ丸〜、はぴ！だんぶいね！」

ところで、はぴだんぶいの
デビュー曲は誰につくって
もらったの…??

2020年2月28日

ポチャッコ「デビューライブの生配信！ついにあさってだね！」
ペックル「緊張してきたー・・・ブルルルル〜〜」
けろっぴ「大丈夫！大丈夫！なんとかなるって！」

オレ様のおかげで
かっこいい曲が
できたんだぜ！

はぴだんぶい
バンドプロジェクト!!
作曲できる人がいない！
そこで…。

どうしよう、僕たち、
作曲できない…。

突撃

バッドばつ丸

①

②

③

ビクター
エンタテインメント!!

北海道出身の３人組。
2020年３月にメジャーデビューした
期待のバンド!!

オレたちに 曲を作ってくれ！

⑥
KALMA
さっきょくいらい
作曲依頼
⑦
めっちゃ お願いしてる
KALMAにはぴだんぶい楽曲提供依頼の直談判
⑧
はぴだんぶいって書いてあるけど
⑨
かわいい
⑩
話聞いてんのか！
⑪
怒ってる？
⑫
曲、つくって!!
KALMAにはぴだんぶい楽曲提供依頼の直談判
⑬
OK!
OK!
OK!
⑭
ばつ丸 依頼成功！
オレ様たちのミュージックビデオを
次のページで大公開するゼ！

"ダイジョーブ"
はぴだんぶい
HAPIDANBUI
Hapidanbui
はぴだんぶい
Hapidanbui

Hapidanbui
はぴだんぶい

Hapidanbui
Hapidanbui
Hapidanbui
はぴだんぶい
Hapidanbui
Hapidanbui

"ダイジョーブ"

作詞：畑山悠月　作曲：KALMA　うた：はぴだんぶい

大丈夫 君は君のままでいいよ のんびり行こう
ラッキー！ハッピー！
ラッキー！ハッピー！
ラッキー！ハッピー！
ラッキー！はぴだんぶい！
一番じゃなくてもいい！楽しめばいい！
楽しめばいい！
楽しめばいい！
楽しめばいい！

明日のことなんてわからない
僕らのペースで笑ってきた
雨の日でも 青空の日も
みんなでずっと笑ってたいな
大丈夫の言葉一つで僕の心は丈夫になった
だから今度は僕から君へ
君から君へと繋いでいく！

大丈夫！君は君のままでいいよ のんびりと
大丈夫！君は君のままでいいよ きっとうまくいく
ラッキー！ハッピー！
ラッキー！ハッピー！
ラッキー！ハッピー！
ラッキー！はぴだんぶい！
一番じゃなくてもいい！楽しめばいい！(はぴだんぶい！)
楽しめばいい！(はぴだんぶい！)
楽しめばいい！(はぴだんぶい！)
楽しめばいい！(はぴだんぶい！)

明日のことなんて忘れたい
不安だらけの日々だった
後悔はしたくない 一度きりの人生
主人公はひとりひとりだ
大丈夫の言葉一つで僕の全てが丈夫になった
だから今度は僕から君へ
君から君へと繋いでいく！

大丈夫！君は君のままでいいよ のんびりと
大丈夫！君は君のままでいいよ これからも

大丈夫！みんな自分らしく きっとうまくいく
大丈夫！みんなみんな 自分らしく 幸せになろう
ラッキー！ハッピー！
ラッキー！ハッピー！
ラッキー！ハッピー！
ラッキー！はぴだんぶい！
一番じゃなくてもいい！楽しめばいい！(はぴだんぶい！)
楽しめばいい！(はぴだんぶい！)
楽しめばいい！(はぴだんぶい！)
楽しめばいい！(はぴだんぶい！)
楽しめばいい！

家でひとりだし、
オレ様たちの
ミュージックビデオでも
見ようかな～

サンリオ公式YouTubeチャンネルでも
はぴだんぶいデビュー曲「ダイジョーブ」のミュージックビデオを見ることができます。
▶https://youtu.be/cTmjxLh1elw

NexTone許諾番号PB000051974号

Chapter 2

おしごとチャレンジ

はぴだんぶいのチャレンジ第2弾！
「みんなの役に立ちたい！」と、一緒に働かせてくれる企業を大募集しました。
本屋さんやおしゃれなアパレルブランドとコラボしたり、
ファーストフードやオンラインクレーンゲームの景品を考えたり、
メンバーの奮闘を紹介します。

働くって尊い！自分の天職を見つけよう！

2020年3月に始まったはぴだんぶいの新しいチャレンジは、
ずばり「おしごと」！ みんなにハッピーを届けるため、
メンバー6にんの個性を生かして輝けるお仕事は見つかるのでしょうか？

2020年3月20日

ハンギョドン
「…みんなにもっとハッピーを届けるためには
どうしたらいいかな」
ばつ丸
「そうだ！ みんなが好きな仕事をしよう！
オレ様は遊ぶけど」
ポチャッコ
「うん！ ぼくたちひとりひとりの個性を生かして！」

2020年3月23日

ポチャッコ
「ぼくたちどこかでお役に立てないかな」
ばつ丸「キティやシナモンに負けないぞ！」
タキシードサム
「というわけで働かせてくれる企業さん募集します！」
けろっぴ「ぼくたちにできること、なんでもするよ」
ペックル「できること…なんだろう」
ハンギョドン「…？」

2020年3月25日

ポチャッコ
「ぼくたちにお仕事チャレンジさせてくれる
会社さん、まだまだ募集中だよ！」
タキシードサム
「どこに行けるかなあ。楽しみ！ 楽しみ！」
ポチャッコ「ぼくはアイス屋さんとかいいなあ」
タキシードサム
「ぼくは制服がカッコイイところがいいな・・・」

 ★p.26、p.27上、p.28、p.30〜31：はぴだんぶい公式Twitterより

2020年3月30日

ペックル
「じゃじゃーん！ なんとヴィレッジヴァンガードで働かせてもらえることになったよ！」
けろっぴ「え〜！ 嬉しい！ 頑張るぞ〜！」

はぴだんぶいの最初のおしごとチャレンジのコラボ先は、遊べる本屋さんとしてお馴染みのヴィレッジヴァンガード！ 可愛いグッズシリーズが発売されました。

おうち時間にぴったり！
第1弾
「ルームシェア」

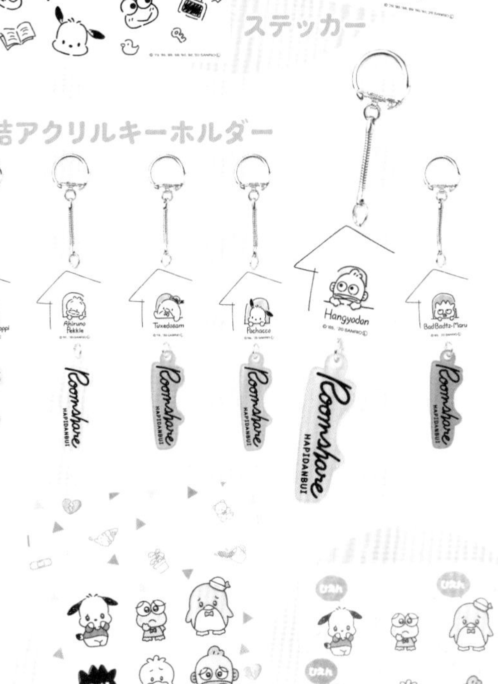

ステッカー

連結アクリルキーホルダー

第2弾
「ぴえん」

みんなの表情に注目！

缶バッジ

ステッカー

クリアファイル

タオル

2020年4月3日

けろっぴ
「ぼくたちを働かせてくれる会社
やお店、まだまだ募集中だよ」
ハンギョドン
「ぼくは水族館なら
仲良くやれそうだなあ…」
けろっぴ
「ぼくはぴぴっと頑張れるよ」

2020年7月29日

ポチャッコ
「ねえみんな、キャラディネートって知ってる？」
タキシードサム
「キャラを取り入れたオシャレのことでしょ？
パニカムさんとか有名だよね！」
けろっぴ
「ぼくたちの服も作ってくれないかな～♪
ハンギョドン、自慢のスマホで電話してみてよ！」
ハンギョドン「…ええ!?」

2020年8月28日

ハンギョドン
「パニカムさんと企画中の」
ポチャッコ
「キャラディネート最新グッズ」
けろっぴ
「今日はサンプルチェックだよ♪」
ばつ丸「いいじゃん、コレ！」
ペックル
「デザインおしゃれだし」
タキシードサム
「今日はそのキャラディネートの日
なんだね♪」

パニカムトーキョー PONEYCOMB TOKYO

おしごとチャレンジ第2弾！おしゃれなキャラクターアイテムをたくさん扱うアパレルブランド・パニカムトーキョーのグッズをはぴだんぶいがプロデュース！
メンバーが企画会議から参加して作り上げたアイテム、いったいどんなふうに仕上がったのでしょうか。

似合う色はどれかな…

チュニック（全6種）

ロングスリーブTシャツ

サンプルチェック！

ZIPパーカー（全6種）

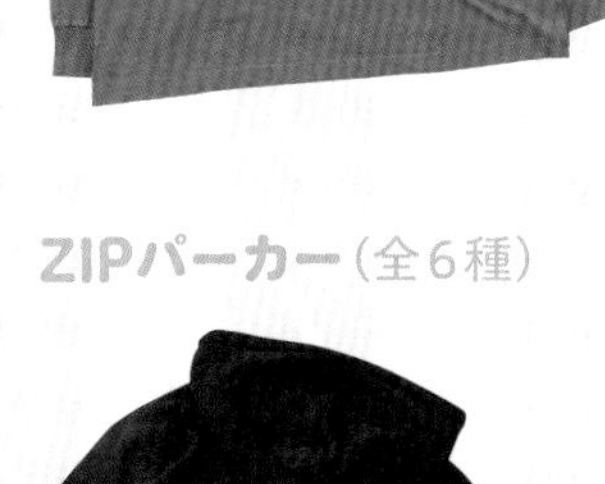

リバーシブル2wayトートバッグ

このページに掲載している商品は現在販売されていないものもあります。

2020年10月19日

ばつ丸「さっ、次は何にチャレンジする？」
ペックル「ばつ丸は飽きっぽいなあ・・・」
ばつ丸「秋だけに！」
ポチャッコ「やっぱりお仕事チャレンジしたいね！」
けろっぴ「お仕事チャレンジリターンズだね」
タキシードサム「写真撮って頑張ろう！」
ハンギョドン
「みんな〜、顔がはまったから助けて…」

2020年11月12日

けろっぴ
「ハンバーガー美味しくていっぱい食べちゃう♪」
ばつ丸「たくさん食べると元気になれるな！」
けろっぴ「食べたあとはみんなで遊ぼう〜!!
…って何して遊ぶ？」
ポチャッコ
「そうだ！ おもちゃを考える新しいおしごとが
来てるよ…！」

2020年12月4日

タキシードサム
「ばつ丸、何してるの？」
ばつ丸
「ロッテリアさんと作ったドミノで遊んでるんだぜ！」
ペックル
「ドミノ楽しい〜あっ！」
ハンギョドン
「…物事に失敗は付き物だね」

おしごとチャレンジ第3弾はロッテリア！
はぴだんぶいが考えたおもちゃが付いてくるキッズセットが
2020年11月に登場しました。

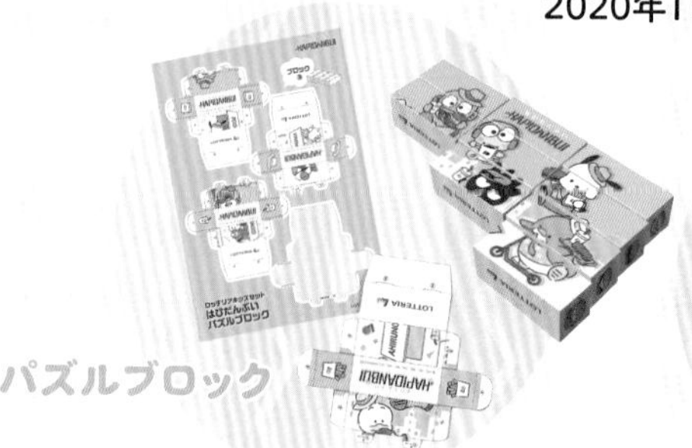

パズルブロック

ドミノ

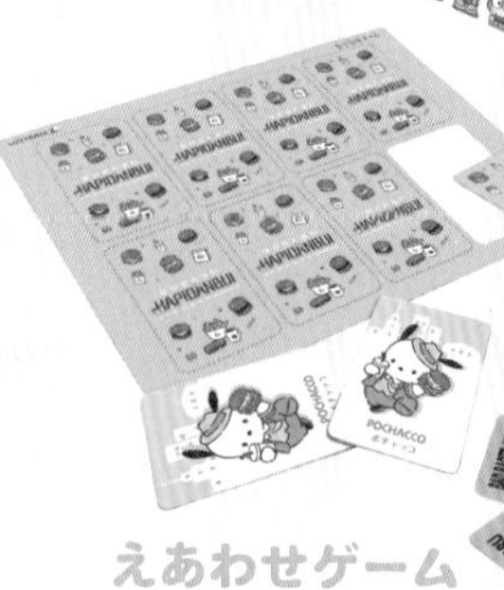

えあわせゲーム

 このページに掲載している商品は現在販売されておりません。

2020年12月5日

ばつ丸
「お仕事ひと段落！ あー、疲れたー。
クレーンゲームでもするか……」

2020年12月18日

ばつ丸
「オンラインクレーンゲームの景品を一緒に作りたいって！
次から次へとお仕事依頼が…オレたち人気者すぎるな！
でもどんな景品にする？」
タキシードサム
「おうち時間を気持ちよくするのはどう？」
けろっぴ「ばつ丸のおうちもキレイになるやつとか!?」

第4弾、大人気オンラインクレーンゲーム・モーリーオンライン（イオンファンタジー）のクレーンゲームの景品をプロデュース！

2段収納ボックス

ばつ丸
「けろっぴ、働く意味って何だよ？」
けろっぴ「え？ 何、急に！ ハードル高 ！」
タキシードサム
「けろっぴは名言多いからねー」
ペックル「何？」
ポチャッコ「何？ けろっぴ？」
けろっぴ「みんなー助けてー・・・」
ハンギョドン「…」

タキシードサム
「みんないろんな意見くれてるね」
ペックル「どれも納得」
ばつ丸
「つまり要するに…人それぞれ！
ってことだな！」
ポチャッコ「雑なまとめ…」
けろっぴ「でも当たってるかも…」
ハンギョドン「…うん、そうかも」

ポチャッコ
「それぞれの働く意味を
見つけるために！」
ハンギョドン
「それぞれの個性を生かして」
ペックル「おしごとチャレンジ！」
けろっぴ「まだまだまだまだ！」
タキシードサム「がんばるぞー！」
ばつ丸「おー!!!!」

このページに掲載している商品は現在販売されておりません。

今までやったことが、の巻

①
あひるのペックルで〜す

②
ペンギンのサムで〜す

③
2人合わせてトベナイトリーズで〜す

④
何(なん)かそのままだね

⑤
いつか飛(と)べるよ

⑥
なんで？
だって…

⑦
僕(ぼく)らの漫才(まんざい)オチ（落(お)ち）ないもん

⑧

⑨
もうええわ

⑩
今(いま)までやったことがないことに
挑戦(ちょうせん)しよう！

ポチャッコの道(みち)は開(ひら)けるより

「ポチャッコの『道は開ける』　不安から自由になる行動法」(朝日文庫)より

Chapter 3

おうちチャレンジ

チャレンジ第3弾となった「おうちチャレンジ」では、
家にいながら楽しく過ごすための工夫をTwitterで大募集！
オンライン誕生会に、ゲームにお昼寝……。
みんなと直接会えなくても大丈夫。どんなときでもポジティブに！

おうち時間を楽しもう!

2020年春、新型コロナウイルスの流行によって自由に外出できなくなった時期、はぴだんぶいのメンバーは家で楽しく過ごすことにチャレンジ!

2020年4月10日

ばつ丸「みんな家にいる時何してんだ?」
ポチャッコ「お料理かな?」
ペックル「踊ったり?」
けろっぴ「お昼寝かなあ?」
タキシードサム「そうだ! おうちでの過ごし方のアイデアを募集しようよ!」
ハンギョドン「…おうちチャレンジだ!」

2020年4月24日

けろっぴ
「おうちで時間があったから、my favorite thingsのテンプレート作ってみたよ♪
みんなもやってみてね♪」

リモートで集まろう!!

2020年5月1日

ペックル
「今日はおうちでお料理にチャレンジ!
ぼくはふわふわのパンケーキ」
ポチャッコ「ぼくはおばけ人参のケーキ!」
ばつ丸「オレ様はシースー!」
ハンギョドン
「…こんなに食べたら太っちゃう」
ポチャッコ
「落ち着いたらウォーキングでもしたいね!」

★p.34〜35:はぴだんぶい公式Twitterより

2020年5月12日

5にん
「サム！ お誕生日おめでとう～！」
タキシードサム
「ありがとう！ ケーキも届いたよ♪」

2020年6月6日

ハンギョドン
「ぼくのおうち時間の過ごし方…。
みんなが言うように、
ぼくはやっぱりお昼寝だなあ」

2020年6月17日

ばつ丸
「おうち時間の過ごし方！
オレ様はもちろんゲームだ！」

ぼくたちのぬりえ
チャレンジ
してみてね。

次のページから
はぴだんぶいのぬりえを紹介します。
コピーして楽しんでください。

Kerokerokeroppi
Hangyodon

Ahirunopekkle
Let's dance!
XO
Bad badtz-maru

Pochacco
Tuxedosam

HAPIDANBUI

やりすぎると逆効果?!の巻

目標だけを見つめよう!の巻

幸せになるために、の巻

やりすぎると逆効果になることもある。

人からバカにされても気にしない!目標だけを見つめよう!

幸せになるためにたくさんのことを求めすぎない。

「けろけろけろっぴの『徒然草』 毎日を素敵に変える考え方」(朝日文庫)より

Chapter 4

ヒーローチャレンジ

チャレンジ第4弾は「ヒーローチャレンジ」。はぴだんぶいのメンバーがヒーローに変身して、みんなの"もやもや"を吹き飛ばす！
人気バンド・MONKEY MAJIKが作曲を手がけたヒーローソング「ハッピー戦隊★はぴだんぶい」も発表しました。

ハッピー戦隊 はぴだんぶい結成！

2020年夏、はぴだんぶい公式Twitterでみんなの“もやもや”を大募集。集まったいろんな悩みやイライラを、ヒーロー戦隊になったはぴだんぶいのメンバーたちがポジティブパワーで撃退していきました。

2020年8月13日

タキシードサム
「みんなの悩みとか“もやもや”って多いんだね！」
ばつ丸
「どうにか解決してあげたいなあ！」
けろっぴ
「あ！もうアレになるしかないよ…」
ポチャッコ
「ひとりで燃えてるけど、わかんないよ！けろっぴ」

2020年9月29日

ばつ丸
「出動だ！出動だ！出動だー！」
ポチャッコ
「待って、ちょっと・・・待って・・・」
けろっぴ
「ポチャッコまさか、、、」
ハンギョドン
「うっ・・・！」
ペックル
「ハンギョドンも・・・!?」

★p.42～43、p.47右：はぴだんぶい公式Twitterより

Pocha Pocha
胸のネクタイがある限り！戦闘服でもタキシードサム！
気分を上げろ！ジャンプ一発！けろけろけろっぴ！
おっちょこちょいだけどがんばります！ポチャッコ！
BAAAN!!
PYOOOOOON
Gyo Gyo Gyo Gyo…
ギョドン拳でギョギョギョドン！ハンギョドン！
ジャンケンで決まったリーダーだ！あひるのペックル！
LEADER
ヘルメットも貫くツンツンヘア！バッドばつ丸！
TSUN!
TSUN!

Vol.1 怪人オコモーリー編

家にばかりいて飽き飽きしている男の子。
イライラがMAXに達して怪人に変身…!!

Vol.2 怪人バーベキューン編

青空の下でバーベキューしたい…。
そんな"もやもや"をサムがキャッチ!

もやもや
ふっとばすぞ!!

あー BBQしたい! でも1人じゃできないしなぁ…
MOYA MOYA
BBQしたい~
AAAAAH…
ムムッ! もやもや信号受信!!
!!
PiPiPiPi…
DOOOOOOOON!
もやもや怪人
バーベキューン
ぼくにまかせてバーベキューン!
キラキラフラッシュ~ 人気者になれ~★
KIRA
PIKA!!
親戚のおじさんからいい肉もらったぞー!
とうもろこしもあるわよー
お父さん! お母さん!
GOOD TIMING!
家族の人気者だね!!
to be continued…

Vol.3 怪人デアゴン編

出会いがなくて“もやもや”…。ポチャッコのハートビームでモテモテになーれ！

Vol.4 怪人イースポー編

楽しいゲームも負けてばかりじゃイライラ…。けろっぴと一緒に気分を盛り上げていこう！

Vol.5 怪人ネガラ編

ネガティブワードに押しつぶされそうでも
大丈夫！ばつ丸が吹き飛ばしてくれる！

Vol.6 怪人イコージー編

ちょっとしたボタンの掛け違い…。
ハンギョドンの出番だ！

は？俺、悪くねーし！
何よ！その言い方！サイテー！
GAMI GAMI
ゼッテー謝らねー！
PUI!
ゼッタイ許さない!!
もやもや信号！2つも発見!!
WAO!
DOOON! DOOON!
もやもや怪人
イコージー
いくぞー
Gyo!
こんなときはギョドン拳だ!!
わわわっ!!
Gyo Gyo Gyo
DOOOOON!
おっとっと!!
HA!!
あっ！
危ない！
DON!
OUCH!!
ありがとう さっきはごめんね
いいんだ 僕の方こそ…
GYU
Gacha!
Gacha!
一件落着だ DOOOON!
愛は偉大だ…
to be continued…

最終回

みんなの“もやもや”を解決したハッピー戦隊
はぴだんぶい。このまま役目を終えてしまうのか？

ペックル「みんな、出動おつかれ〜！」
ハンギョドン「…がんばったね」
けろっぴ「ハンギョドン、シュッシュ！ 忘れないでよ！」

ばつ丸「お、おい、けろっぴが何かをアピールしてるぞ」
ポチャッコ「あ、ほんとだ。なに？ けろっぴ」
けろっぴ「…!!」
ハンギョドン「メイプルリーフとタンバリン？ と…
なんだろうアレ」
ペックル
「これって、ひょっとして、
匂わせってやつ？」
タキシードサム
「そのようだね…！」

けろっぴは一体なにを
匂わせているの…？
その答えは次のページに！

2020年9月、「ハッピー戦隊★はぴだんぶい」の
ミュージックビデオを大公開！
人気バンドMONKEY MAJIK作曲の軽快な
メロディで、現代人が抱えるいろんな“もやもや”を
はぴだんぶいのみんなが吹き飛ばすヒーローソング。

ハッピー戦隊☆HAPIDANBUI

作詞：及川貴雄
作曲：MONKEY MAJIK (Blaise / Maynard)
うた：はぴだんぶい

ブッブッブッブ
ブッブッブッブブブ　はぴだんぶい
(僕負けないぞ！)
ブッブッブッブ
Uh You know I feel so good
ブッブッブッブブブ　はぴだんぶい

どこかで　だれかが　もやもやしてる
君の声が　聞こえたら　今すぐ出動だ
(I'm so happy)

いつかは 大変なことが起こる
落ち込んでる時があっても　そんな気にしなくてもいいんだ

走って　汗かいて　人気はダイナマイト　(ダイナマイト)
僕たち　仲間だ　絆はダイヤモンド

ブッブッブッブ　はぴだんぶい
ブッブッブッブブブ　Uh You know I feel so good
ブッブッブッブ　はぴだんぶい
ブッブッブッブブブ　はぴだんぶい

〈ばつ丸〉ツンツンヘア！バッドばつ丸！
〈サム〉戦闘服でも、蝶ネクタイ！タキシードサム！
〈けろっぴ〉ジャンプ一発！けろけろけろっぴ！
〈ハンギョドン〉ギョドン拳で、ハンギョドン！
〈ポチャッコ〉ハートビームでモテモテ！ポチャッコ！
〈ペックル〉じゃんけんで決まったリーダーだ！あひるのペックル！

世界に　溢れる　悩みや痛み
君が僕を呼んだら　今すぐに飛んでくよ
(I'm so happy)
強さはいらない　無理しなくていい　君はそのままで
誰かのヒーローなんだ　誰かのハッピーなんだ

ブッブッブッブ　はぴだんぶい
ブッブッブッブブブ
Uh You know I feel so good
ブッブッブッブ　はぴだんぶい
ブッブッブッブブブ　はぴだんぶい
もやもやなんてふっとばせ！
Uh You know I feel so good
ブッブッブッブブブ　はぴだんぶい
はぴだんぶい

サンリオ公式YouTubeチャンネルでも
「ハッピー戦隊★はぴだんぶい」のミュージックビデオを見ることができます。
▶https://youtu.be/IB5-cpHs_Xg

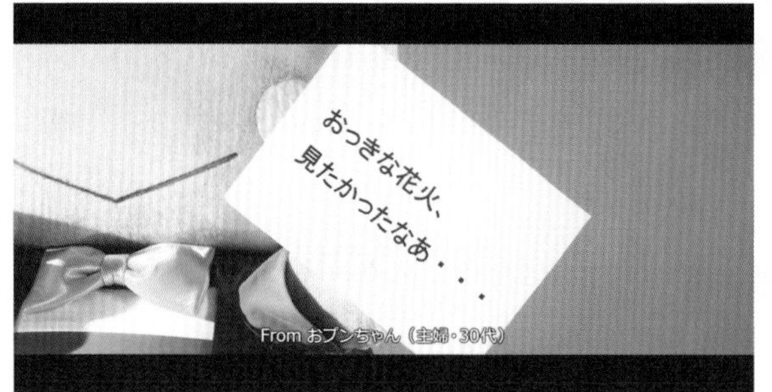

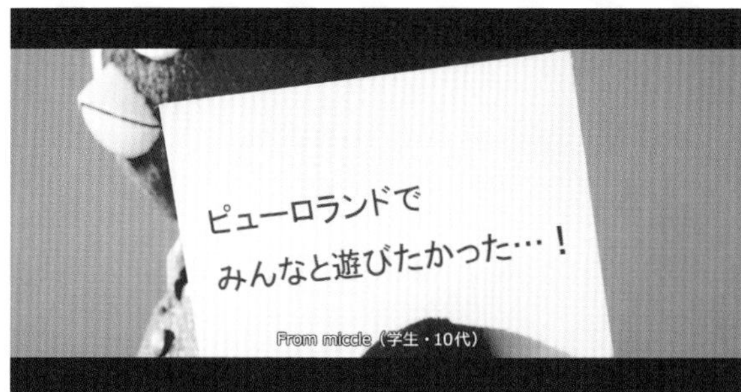

前のページの"匂わせ"は、
MONKEY MAJIKさんにゆかりのある
メイプルリーフ（カナダ）と**伊達政宗**（仙台）、
タンバリン（バンド）だよ。みんな、気づいた？

MONKEY MAJIK

2020年9月下旬、「ハッピー戦隊★はぴだんぶい」のオリジナルグッズシリーズが登場！
ヒーローらしい華やかな原色のアイテムが揃いました。
その一部をご紹介！

裏はメンバーの後ろ姿！

ポーチ

コロンとしたフォルムが可愛い！

キーホルダー

紐を絞ればへんしーん！

ダイカット巾着

いつもバッグに入れておきたい♪

ハンドタオル

チケットホルダー付き！

クリアファイルセット

この見開きに掲載している商品は現在販売されておりません。

＼ベルボア素材の手のひらサイズ！／
マスコットホルダー

期待通りにいかなくても…の巻

①
ピザって１０回言ってみて？

②
???
なんで？

③
???
いいから早く

④
PIZZA
PIZZA
PIZZA
PIZZA
PIZZA

⑤
さすがイギリス帰り

⑥
ここは？

⑦
エルボー(ひじ)

⑧
・・・

⑨
ザッツ ライト サンキュー…

⑩
期待通りにいかなくても
心を広くもって

けろけろけろっぴの徒然草より

「けろけろけろっぴの『徒然草』　毎日を素敵に変える考え方」(朝日文庫)より

Chapter 5

モテチャレンジ

2021年、新しい年が幕を開け、はぴだんぶいのメンバーは
「モテたい！」という男子の“永遠のテーマ”に挑むことに。
おしゃれなファッションに身を包み、体を鍛え、いよいよ憧れの女子に告白!!
チャレンジ第5弾にして最大の難関、結果はいかに……??

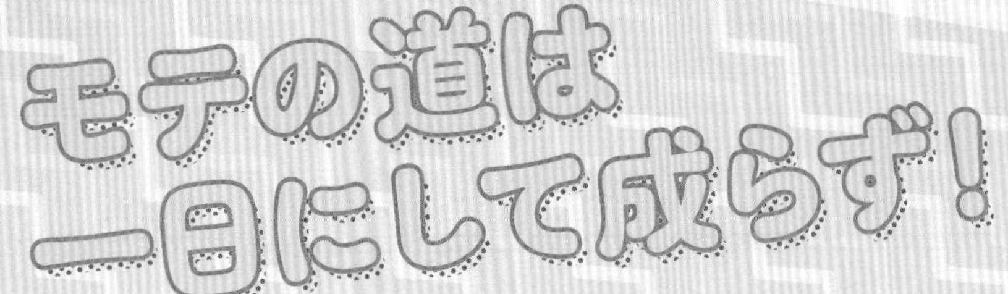

2021年1月、
はぴだんぶい結成一周年を迎え、
次なる目標を掲げた
ペックルやポチャッコたち。
それはずばり「モテる」こと!
でもいったいどうすれば……!?

2021年1月23日

ばつ丸
「モテたい!! これこそが、
男の夢! 違うか? みんな!」
ハンギョドン「ぼくもモテたい…」
ペックル「ぼくも!」
けろっぴ「これが今年の目標…!」
タキシードサム「うん、がんばろう!」
ポチャッコ「…ハードル高くない?」

2021年1月31日

ポチャッコ
「モテたい…って、
どうやればそんなことできる?」
けろっぴ「目標をつくるんだよ!」
タキシードサム
「そうだ! 大きな山も目標があるから
登り切れる…!」
ばつ丸「励まし合える!」
ペックル
「みんなでモテの山を乗り越えよう!」
ハンギョドン「…だね」

2021年2月1日

ばつ丸
「ということで! 2年目の1発目は
モテチャレンジだ〜!」
けろっぴ「どうやれば…」
ポチャッコ
「まずはファッションから変えてみない?」
タキシードサム
「いいね! みんな勝負服になってみようか!」

★p.54、p.55上、p.56〜57:はぴだんぶい公式Twitterより

2021年2月3日

ポチャッコ
「さあ、勝負服を着てきたよ!」
けろっぴ「ぼくも～!」
ばつ丸「ジャーン! オレ様の勝負服はコレだ!」
タキシードサム「ばつ丸、なんで袖破れてるの?
ペックルもその英語意味なに?
ハンギョドン、なんのドクロ?」
ペックル「やり直してくる…難しい…」

2021年2月8日

けろっぴ
「これでどう? ぼくたちのファッション!」
ポチャッコ「どう?」
ペックル「どう?」
ハンギョドン「どう?」
ばつ丸「どうだ!」
タキシードサム
「イケてる…!(ちなみにぼくもイケてるよね?)」

当りくじに モテファッションで登場!

アイテムが必ず当たるサンリオの「当りくじ」にはぴだんぶいが初登場。モテファッションで決めたメンバーたちのアイテム、どれも欲しい!!

ボウル

メラミンプレート

クッション

ランチケース

このほかサコッシュやポーチ、マフラータオルも登場しました。

このページに掲載している商品は現在販売されておりません。

2021年2月25日

ペックル「どうやったらモテるのかな～…」
タキシードサム「見て、この腹筋…」
けろっぴ「男らしさか…！」
ポチャッコ「ぼくたちには一番ないかもね…」
ばつ丸「くそー！ 男らしさ欲しい！」
ハンギョドン「…欲しい」

2021年3月1日

ハンギョドン
「…あれ、ばつ丸なんか疲れてる？」
ばつ丸
「そうなんだよな～！ モテのために
汗を流してるオレ様…、かっこいい？」

2021年3月3日

ペックル
「わあ！けろっぴとポチャッコのどアップ！」
けろっぴ
「今休憩中だよ！ とっても楽しい企画なんだ～♪」
ポチャッコ
「ぼくたち、これでモテるようになるかな…？」
ペックル「ぼくの自撮りも載せておこ～っと！」

2021年3月9日

タキシードサム
「あれ？ あれあれ？ 伝説のプロレスラー、
長州力さんが…
ぼくたちのTシャツ着てる…？」

2021年3月10日

けろっぴ
「男を鍛えてモテモテになるために！」
ハンギョドン
「長州力さんに弟子入りしてきたよ！」
ばつ丸「これでモテモテだ！」

次のページで、
「モテマッスル
エクササイズ」を
大公開！

2021年3月12日

ポチャッコ
「モテマッスルエクササイズの
撮影風景はこんな感じ」
ペックル
「みんな師匠の筋トレについていくのに精一杯」
ハンギョドン「さゆりちゃんはタコじゃない…」

はぴだんぶい×長州力
モテマッスルエクササイズ

「オマエたちモテたいのか？」「はい モテたいです！」
伝説のプロレスラー・長州力さんに
弟子入りしたはぴだんぶい。
「モテ！ モテ！ モテモテ！……」の掛け声のもと、
心と体を鍛えるエクササイズ！

サンリオ公式YouTubeチャンネルでも
「はぴだんぶい×長州力 モテマッスルエクササイズ」を見ることができます。
▶https://youtu.be/icdJa-p73sc

2021年3月12日

けろっぴ
「見て！ ぼくたちの1周年のときに、
@小豆さんがこんな絵を
描いてくれていたよ！」
ペックル
「ぼくたちのこと好きなのかな？」
ハンギョドン
「うれしい…」
ばつ丸
「確かめないといけないな、これは！」
タキシードサム「えっ？」

2021年3月13日

けろっぴ
「もうこれは確かめに行くしかないですね！」
ペックル
「まあ、そうだけど告白はドキドキするよ～」
けろっぴ
「そのドキドキを超えてゆくのです！」
ハンギョドン
「ぼくたち、長州さんに鍛えて
もらったからね。」
ばつ丸「やるぞ！ 告白チャレンジ！」

2021年3月14日

けろっぴ
「@小豆さんがピューロランドにやってきた！」
ポチャッコ
「ぼくたちの素敵な告白をぜひ見てね！」
ペックル「結果は…ま、お楽しみに！」

 ★p.60、p.62上：はぴだんぶい公式Twitterより

人気クリエイターの
@小豆さんがサンリオ
ピューロランドにやってきた！
@小豆さんは本当に
はぴだんぶいのことが好きなのか…？
そして、メンバーそれぞれの思いは
果たして@小豆さんに届くのか？？
レッツ！告白チャレンジ！

これが男の生き様！
背水のカエル、けろっぴの告白！

ピュアダック・ペックルは
誠意と真心で勝負！

寡黙すぎるロマンチスト、
ハンギョドン！

さすが英国仕込み！
アフタヌーンティーのお誘い！

夢は大きく世界征服、
ばつ丸らしい殺し文句！

おっちょこちょいなポチャッコは
鉢植えをプレゼント!?

残念…。

残念ながら全員フラれてしまったはぴだんぶいのメンバーたち……。でも、@小豆さんの「モテようと思っていろいろ変えるよりも、そのままでも十分魅力的だから、自信を持てばみんなきっとモテると思うよ！」という優しい言葉に「ものすごく勇気をもらった！」と大感激したのでした。

@小豆さん公式YouTubeチャンネルでも
「はぴだんぶい×@小豆 告白チャレンジ 推したちに告白してもらった(どういうこと?)」
を見ることができます。 ▶https://youtu.be/epS6EdrDwyU

2021年3月30日

ポチャッコ「フラれちゃった@小豆さんと…」
けろっぴ「気を取り直して！ コラボグッズが決定したよ♪」
ばつ丸「さすがけろっぴ、立ち直りが早いな…」
ペックル「好きにはいろんな形があるんだもんね！」
ハンギョドン「おかげで自分らしさを取り戻したよ。」
タキシードサム「コラボグッズお楽しみに♪」

ポーチ

トートバッグ

エプロン

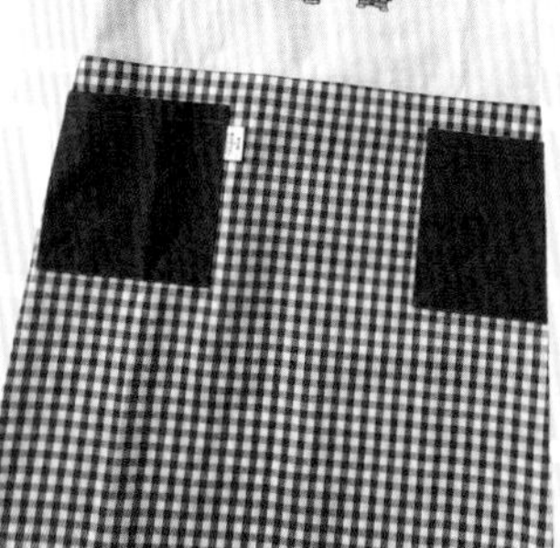

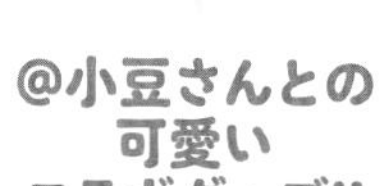

@小豆さんとの
可愛い
コラボグッズ!!

ぬいぐるみ(全6種)

トレーディング
アクリルキーホルダー

トレーディング
缶バッジ

モバイルバッテリー

iPhoneケース

ステッカー

@小豆さんとのコラボは、2021年サンリオキャラクター大賞コラボ部門で見事1位を獲得！ 同年6月に全10種の記念グッズが発売されました。

@小豆×はぴだんぶい商品通販サイト
at KIDDY LAND
https://www.klevent2-online.com/
(販売が終了している場合があります)

Chapter 6

お笑いチャレンジ

更なるステップアップを目指すはぴだんぶいの第6弾チャレンジは「お笑い」。
超人気芸人・EXITの二人にネタを見てもらうべく「ザイマン（漫才）」を猛特訓！
果たして無事、“ぶっかま”なザイマンを披露できるのか??
きゃわたんなコラボアイテムにも注目です。

目指せ、お笑い第8世代！

EXITとの出会いは、2021年6月のサンリオキャラクター大賞結果発表イベント。
その後、もっと人気者になりたいと考えたはぴだんぶいのメンバーたちは、
面白い人気者になるためEXITにザイマン挑戦を相談します。
2021年夏、アゲアゲなお笑いチャレンジのスタートです！

EXITがプロデュースする
「EXIEEE」からはぴだんぶい
コラボTシャツが登場！
（3種全9アイテム／発売：WEGO）

2021年8月23日

ペックル「もっと人気者になるには…？」
けろっぴ「面白い人は人気あるよね」
ばつ丸「面白い人気者かぁ〜」
ペックル「あっ！ サム、そのTシャツ…！」
タキシードサム「え、ここ？」
ペックル「そこ！」
タキシードサム「プール行きたいの？」
ペックル「ちがう！」

けろっぴ
「よし！ 今度は全員で、EXITさんに
弟子にしてくださいってお願いしよう！」
ばつ丸「それは面白そうだぞ！」
ペックル「よーし！」
ハンギョドン「…燃えてきた！」
ポチャッコ「みんな燃えすぎ！」
タキシードサム「Tシャツが燃えちゃう！」

ポチャッコ「こうなったらこの場で」
ペックル「EXITさんに」
タキシードサム「弟子入りをお願いしよう！」
ハンギョドン「するしかないね…」
みんな「EXITさん、弟子入りさせてください〜」

「よーし!
全員まとめて
ザイマンのザの字から
ぶち込んでやるよ!」

「我々なんかで良ければ、
正式に弟子として
迎え入れたいと思います」

はつ丸
「やったー！ りんたろー。さんから
返事が来たぞー！」
ハンキョトン
「兼近さんからもお返事きたね…！」
ヘックル
「ザイマン頑張って、弟子にしてもらって、
人気者になるぞー！」
みんな「せーの、ポンポンポーン!!」

このページに掲載している商品は現在販売されていないものもあります。

タキシードサム
「ザイマン、やってみるしかないか…！」
けろっぴ「組分けどうする？」
ハンギョドン「3組だね」
ばつ丸
「あみだくじ作ってきた！ 恨みっこなしだぞ！」
ペックル「緊張…」
ポチャッコ
「これ、みんなに組分けわかっちゃうね」

ポチャッコ
「みんな！ ぼくたち、あみだくじで
コンビ組んだの覚えてる？」
ばつ丸
「EXITさんに見てもらうために、
絶賛ザイマン練習中だぞ！ ひゅいごー！」
ハンギョドン「緊張する…」

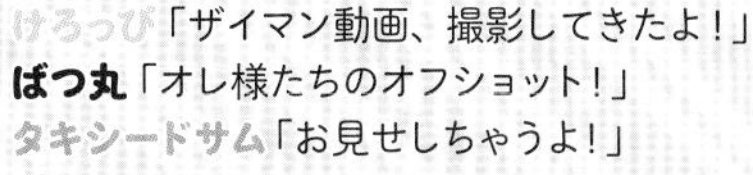

2021年9月14日

けろっぴ「ザイマン動画、撮影してきたよ！」
ばつ丸「オレ様たちのオフショット！」
タキシードサム「お見せしちゃうよ！」
ポチャッコ
「ふ～、いっぱい練習したからちょっと休憩…」
ハンギョドン「練習頑張ったもんね」
ペックル「みんな笑ってくれたらいいなあ」

2021年9月16日、ついにザイマン動画大公開!!
EXITの二人は笑ってくれるのか？
目指せ！ お笑いの人気者！

はぴだんぶいがEXITにネタ見せ！

オープニング

はぴだんぶいザイマン特設ステージにやって来た、EXITのりんたろー。さんと兼近さん。「ほら、キティちゃんだよ」「ポムポムプリンも。シナモロールもいるよ！」とテンションアゲアゲな二人に**ポチャッコ**が「ちょっとー‼ はぴだんぶいだよ！」と猛突っ込み。**ばつ丸**の「今日はオレ様たちが全然面白くないところをちゃんと見ててくれよな」と予防線を張る弱気？ な発言も「面白いけどね」と優しく受け止めてくれる二人。いよいよネタ見せの幕が上がります！

限定アクリルキーホルダー

ファミリーマート限定で「EXIEEE×はぴだんぶい」のオリジナルトレーディングアクリルキーホルダーも発売！（2021年9月より発売。店頭で無くなり次第販売終了）

戦慄のデコボココンビ！
ばつ丸×けろっぴ「BAKEXIT（バケジット）」

ばつ丸
「あのさ、おしゃれなアパレルの店員になりてぇなって思う今日この頃のオレ様で～」
けろっぴ「おお、いいじゃん」
ばつ丸「ためしに店員役やってみっから客役やってみて」

ばつ丸「いらっしゃいませ いらっしゃいませ。お客様 それとってもお似合いです」
けろっぴ「え？ そう？」

ばつ丸
「今日のおめし物の感じだとこういうカジュアルな柄をラフに羽織ってあげてもいい感じかと」
けろっぴ「マジで買っちゃう5秒前」
ばつ丸
「その素敵な緑色に合わせてこちらのスニーカーもいかがですか？こちら ラスワンの限定色です」

けろっぴ「買う 買うよ。限定ラスワンとかマジ卍」
ばつ丸「あざまる水産 まいちょあり」
けろっぴ「まいちょありって何？」

ばつ丸「でもさ」
けろっぴ「どうした？」
ばつ丸
「そんなコーディネートがイケてるとかイケてないとか、まっぱの俺様に言われるのって、どう？」
けろっぴ「たしかにまっぱだけど、カンケーなくね？」
ばつ丸「けろっぴは服着てっから言えんだよね」

服を着ていない自分がコーディネートを薦めることの矛盾を自ら突くばつ丸。必死でフォローするけろっぴの言葉はばつ丸に届くのか？ そしてオチは……？

EXITの講評！

いじりポイントを自ら言うパターン！ オチがおそろしいほど綺麗でしたね

仲いいっていうのがまたいいね、このコンビは。

続きはサンリオYouTube公式チャンネルで！
【はぴだんぶい×EXIT】お笑いチャレンジ②【BAKEXIT漫才「アパレル店員」】
▶https://youtu.be/fC1sBdMNdpc

爆誕！ポチャペク新時代 ポチャッコ×ペックル「POCHAPEXIT（ポチャペクジット）」

「コンビニ店員」

ポチャッコ「いきなりだけどバイトしたことある？」
ペックル「あるっしょ。おしごとチャレンジとかガンガンやってっから」
ポチャッコ「じゃあ、コンビニの店員さんはやったことある？」
ペックル「それは ありよりのありと見せかけての、なしだね」
ポチャッコ「じゃあさ、ボク、店員やってみっからお客さんやってみて」
ペックル「おお いいよ」

ポチャッコ「いらっしゃいませ。おにぎり温めますか？」
ペックル「おにぎりは温めなくていいや」
ポチャッコ「他に宅急便とかございましたら、温めて送りますけど？」
ペックル「宅急便もないし、温めなくてもいい」

ポチャッコ「ご一緒にスイーツはいかがですか？」
ペックル「じゃあ ワッフルひとつ」
ポチャッコ
「ワッフルひとつですね、ご一緒に水中眼鏡はいかがですか？」
ペックル「水中眼鏡はいらないだろ」

ポチャッコ「え？ ナイトプール、行かれないんですか？」
ペックル「もう行くわ、ナイトプール。泳ぎ苦手だけど」
ポチャッコ「愛されポイントカードお持ちですか？」

次々とボケを畳み掛けるコンビニ店員・ポチャッコ。
そして謎の「愛されポイントカード」とは？
このあと愛されポイントをめぐって怒涛の展開が！

EXITの講評！

ポチャッコがボケっていう裏切りがよかったよね。

愛されポイント2万あげたい！

続きはサンリオYouTube公式チャンネルで！
【はぴだんぶい×EXIT】お笑いチャレンジ③【POCHAPEXIT漫才「コンビニ店員」
▶https://youtu.be/daUTfxunzx8

巻き起こせ、笑いの潮風！

ハンギョドン×タキシードサム「HANTAXEXIT（ハンタキシジット）」

ハンギョドン
「ザイマンに大切なのは呼吸なんだって。べしゃりの呼吸な」
タキシードサム
「あのさ、昔から気になってたんだけど聞いていいかな？」
ハンギョドン「聞きにくい的な？ 的なテキーラ？ 言っちゃって！」
タキシードサム「ハンギョドンはさ、呼吸、えら？」
ハンギョドン「え？」

タキシードサム
「いや、えらでもいいんだ。別にえらだって個性じゃん？
肺がえらいわけじゃねぇし」
ハンギョドン「ぶっちゃけ、ハーフ&ハーフ」
タキシードサム「マジか」

タキシードサム
「えらってさ、大量の水を通してフィルターみたいにして
水中の酸素を取り込むじゃん」
ハンギョドン「えら呼吸に詳しいな」
タキシードサム
「今、水はないから、ということはもしかして
ハーフだけで呼吸してるってこと？」
ハンギョドン「まぁ」

タキシードサム「ちな、えらってどこにあんの？」
ハンギョドン「首あたりじゃね？」
タキシードサム
「じゃあ仮にさ、ぼくらがゲームセンターのクレーンゲームの
景品になったとすんじゃん？ 誰かがウイーンウイーンってつかむとしたら、
ここじゃん？」
ハンギョドン「まぁそうなるかな」
タキシードサム「つまり、えらんとこに爪立ててグイーングイーン ポーンだ」

ずっと気になっていたえらについて追求するタキシードサムと、戸惑いながらも飄々と答えるハンギョドン。
同じ水にまつわる「仲間」のふたりの漫才が行き着く先とは…？

EXITの講評！

気になるところに踏み込んだ勇気！踏み込んだだけの笑いがあった！

テンポがいい！

続きはサンリオYouTube公式チャンネルで！
【はぴだんぶい×EXIT】お笑いチャレンジ④【HANTAXEXIT漫才「仲間」】
▶https://youtu.be/sA_X_LDygrU

予測不能な未来、の巻

きちんとした言葉遣いは、の巻

人の評価を気にして、の巻

予測不能な未来に
じたばたしてもしょうがない。

きちんとした言葉遣いは
大人のたしなみ。

人の評価を気にして
一喜一憂するのは虚しい。

「けろけろけろっぴの『徒然草』　毎日を素敵に変える考え方」(朝日文庫) より

Chapter 7

グッズコレクション

このコーナーでは、企業や
人気クリエイターとコラボしたアイテムをはじめ、
メンバーの誕生日ごとに展開して人気となった
「バースデーお祝いシリーズ」など、
これまで発売されたはぴだんぶいグッズを
たっぷり紹介します。

コラボレーションアイテム

結成当初から、さまざまな企業やブランドとコラボしてきたはぴだんぶいのメンバーたち。ここではその主なアイテムを紹介します。

トレーディングアクリルキーホルダー（シークレット仕様）

TOWER RECORDS

タワレコとは2020年（第1弾）と2021年（第2弾）にコラボ。おなじみの黄色×赤のロゴが目を引く！

第1弾 夏フェス

クリアファイル（2枚セット）

ランチトート

Tシャツ（全6種）

ステッカー

タオル

第2弾 80'sコーディネート

マスコットキーホルダー

サンスター文具とのコラボはいずれも今の時代に必須のアイテム！ ポーチは内部に除菌シートをセットできるスグレもの。エコバッグは洗ったとき乾きやすいメッシュタイプ。

除菌シートポーチ「seepo」

メッシュエコバッグ

「Alamigo」

 このページに掲載している商品は現在販売されていないものもあります。

革素材を生かしたアクセサリー・小物を製造するジェイワンからは、
ラメデザインが可愛いアイテムがリリース。

(現在販売されていない商品もあります)

＼ALLメンバー！／

アクリルチャーム

はぴだんぶい結成1周年を迎えた2021年3月に発売。
クリームソーダがモチーフのおしゃれなアイテムがいっぱい！
全国約2000局で2021年9月まで販売されていました。

(掲載している商品は現在販売されておりません)

タオルハンカチ

マスクケース

ミニステンレス
マグボトル

ミニトートバッグ

ナポリの男たち

2020年9月、Twitterでなにやら“匂わせ”ていたけろっぴたち……。
なんと！ 大人気ゲーム実況グループ「ナポリの男たち（ジャック・オ・蘭たん／すぎる／hacchi／shu3）」とのコラボが実現したのでした。
全16アイテム88種のうち一部をご紹介！

けろっぴ「ナポリタン、美味しいね♪」
ポチャッコ「ゲーム楽しいね♪」

ステッカーコレクション

グラスマグセット（全4種）

クッション

おなまえラバーストラップ

じゅうさん

らんたん

はっち

すぎる

エコバッグ（全4種）

このページに掲載している商品は現在販売されておりません。　★p.74上：はぴだんぶい公式Twitterより

ラバーマスコットコレクション

Tシャツ（全4種）

お菓子入り巾着（全4種）

靴下（全4種）

ドン・キホーテ

ドン・キホーテからはアパレルアイテムが多く発売。
こちらのTシャツとパーカーは総柄が人気。

総柄プリント
プルパーカー

Tシャツ

boys
ボクサー
パンツ

パシオス

男の子用ボクサーパンツはファッションアイテム・
服飾雑貨を扱うパシオスから！

BASS ON TOP

大阪のライブハウス6店舗（梅田Zeela・アメリカ村DROP・
北堀江 club vijon・堺東Goith・心斎橋VARON・アメリカ村
BEYOND）とバンドデザインでコラボ！

エコバッグ

缶バッジ

CLUB CITTA'

神奈川・川崎のライブハウスCLUB CITTA'とのコラボは、
CLUB CITTA'のシンボル「星トラス」がポイント！

クリアファイル

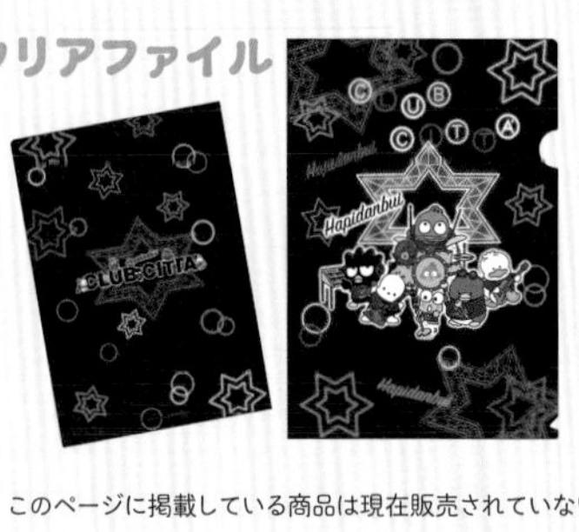

マスク

ジップパーカー

このページに掲載している商品は現在販売されていないものもあります。

Avail

Tシャツ、パーカー、バッグ、トレーナー……。カジュアルファッション専門店・アベイルからもはぴだんぶいのアイテムが続々！

トレーナー

ショルダーバッグ

半袖パーカー

パーカー

KINGLYMASK

原宿にあるショップも大人気のブランドKINGLYMASK（キングリーマスク）からは、ユニセックスで着られるパーカーが発売。

このページに掲載している商品は現在販売されていないものもあります。

バースデーお祝いシリーズ

メンバーそれぞれのお誕生日をお祝いするシリーズ。
みんなでパーティーの主役に扮して盛り上げます！

ポチャッコバースデー

プチタオル

2月29日!!

ポチャッコのお誕生日は4年に一度のうるう年。それ以外の年は「バースデー・イブ」である28日にお祝いするそう。

アクリルキーホルダー

ハンギョドンバースデー

3月14日!!

ホワイトデー生まれのハンギョドン。もちろん親友のさゆりちゃんも一緒にお祝い！

マグネットクリップ

プチタオル

 このページに掲載している商品は現在販売されておりません。 ★p.78〜80イラスト：はぴだんぶい公式Twitterより

ばつ丸バースデー

ばつ丸はエイプリルフールが誕生日。
蝶ネクタイで「エッヘン！」と嬉しげ！

4月1日!!

プチタオル

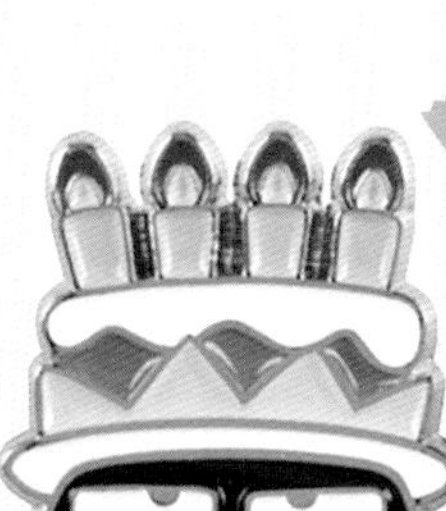

ピンズ

タキシードサムバースデー

5月生まれのサムのアイテムは、涼しげなブルーを基調としたシリーズ。

5月12日!!

クリアファイルセット

アクリルバッジ

けろっぴバースデー

みんなで元気いっぱい！ぴょーんと
跳ねてけろっぴのお誕生日をお祝い！

7月10日!!

キーホルダー

プチタオル

ペックルバースデー

クリアファイル
セット

アクリル
スタンプ

バースデーシリーズ、最後のバトンを受け取るのは
ペックル！得意のダンスを披露しました。

 このページに掲載している商品は現在販売されておりません。

エージェントシリーズ

2020年7月上旬に発売された、はぴだんぶいのグッズシリーズ。
ビシッとキメたスーツ姿で登場しました。

フラット
ポーチセット

マスコット
ホルダー

クリップセット

アクリルキーホルダー

トートバッグ

ホワイトデーシリーズ

テーマは「音楽」！ お菓子とセットになったプチギフト。
お菓子を食べたあとに日常使いできるアイテムが人気。

マグネット付き缶キャンディ

HAPIDANBUI
はぴだんぶい
© '88, '21 SANRIO

＼真ん中はマグネット！／

ミニパース&キャンディ

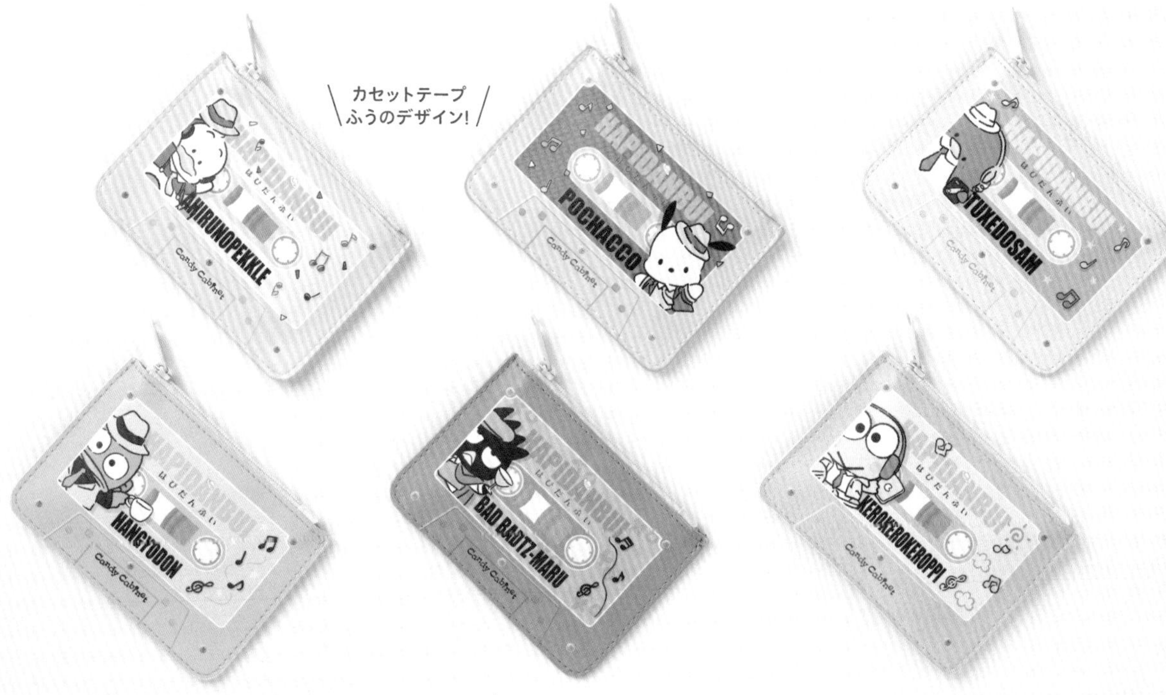

 このページに掲載している商品は現在販売されておりません。

Chapter 8

はぴだんぶい メンバー紹介

1970年代末から90年代はじめにかけてデビューした
はぴだんぶいのメンバーたち。家族や親友、主演映画に
懐かしのグッズなど、知られざる秘密がたくさんあるようです。
そんな彼らの素顔をQ&A形式で大公開！
全部のクイズに正解したら、あなたは立派なはぴだんぶい博士！

TUXEDOSAM
タキシードサム

はぴだんぶいの中で一番早く、
1979年にデビューしたタキシードサムは
40年以上にわたって愛されている、
サンリオを代表するキャラクターです。

名前：タキシードサム
デビュー年：1979年
誕生日：5月12日
生まれた場所：南極のタキシードアイランド
家族：両親とふたりの弟
性格：食いしん坊で、ちょっぴりドジなペンギンの男のコ。由緒ある家柄でイギリス留学をしたこともある。英語はペラペラ。1等航海士の免許を持っている。
好きなもの：エビのコキール、イワシのムニエル

タキシードサムをもっと知るための10のクイズ！

Q1 サムのふたりの弟の名前は？

Q2 サムがコレクションしているものは？

Q3 サムの親友のアザラシの男のコの名前は？

Q4 サムが最初のイメージチェンジをしたのは何年のこと？

Q5 サムの一番最初のグッズは？

Q6 1984年に発売されたサムの大人気おもちゃ。何をつくることができた？
①チョコレート ②アイスクリーム ③クッキー

Q7 サムが商品になったことのある家電は？
①扇風機 ②テレビ ③炊飯器

Q8 1980年代後半、サンリオショップの店内で流れていたサムのアニメのタイトルは？

Q9 サンリオの新商品展示会に巨大なサムの什器が出現したのは何年のこと？

Q10 サムの悩みは？

パムとタム

パムは好奇心旺盛で元気いっぱいのムードメーカー。
タムは甘えん坊で寝るのが大好き。天然でいつもみんなを和ませてくれる。ふたりともサムにそっくり!

蝶ネクタイ

おしゃれなサムは、トレードマークの蝶ネクタイを365本も持っているのです。

チップ

明るくて元気いっぱい、気のいいチップはサムの大親友。料理、洗濯、掃除、片付けが得意です。カニヤンとロブスタンもふたりの仲良し。

実はチップは赤ちゃんの頃に南氷洋でおぼれそうになっていたところをサムに助けられ、それ以来、サムのそばを片時も離れないのです。

1984年

デビュー以来、何度かイメージチェンジをしているサム。デビューの頃はカッチリした輪郭でしたが、1984年の最初のイメージチェンジで動きのあるデザインに。その後、優しいタッチのイラスト、CGふう……と、時代の流行に合わせて可愛く変身しています。

風鈴

サムの商品第一号は風鈴！以降、サマーアイテムを中心にたくさんの商品が作られました。

風鈴（1979年）

②アイスクリーム

1984年にトミー（現タカラトミー）から発売された「タキシードサムのアイスパーティー」。材料を入れたら冷凍庫へ。冷やしながら攪拌してくれて美味しいアイスの出来上がり！立体的なサムが可愛い！

タキシードサムの
アイスパーティー（1984年）

①扇風機

1983年の夏、扇風機になったサム。帽子をまわすとスイッチが出現します。サムのアイテムはどれもその丸いフォルムをそのまま生かしたものが多く、可愛さ倍増！

扇風機（1983年）

貴重なデビュー当時のグッズ！

①ペースト（1982年）、②ネイルメイト（1982年）、③デジタルウォッチ（1982年）、④ランチバスケット（1982年）、⑤リントブラシ（1982年）、⑥ウォシュボウル（1982年）、⑦コーヒーカップ（1982年）、⑧バスケットゴール&パイルボール（1982年）、⑨スチ　ルペンケース（1982年）、⑩フロアーマット（1983年）、⑪マイグラス（1983年）、⑫ダイカットエプロン（1983年）、⑬ソーイングセット（1983年）、⑭トラベルクロック（1982年）

このページに掲載している商品は現在販売されておりません。

「サムちゃんのおばけなんかこわくない」

1987年秋に作られたサムのアニメはハロウィンがテーマ。ハロウィンの日にあらわれる謎のおばけに襲われたサムとチップ、カニヤンとロブスタン。お菓子を取り戻そうとおばけの館に乗り込みます。おばけの正体は一体……？

1983年

サンリオの新商品をお披露目する展示会。1983年の夏の展示会では、“サンリオの夏”のシンボル的存在として当時大人気だったサムの巨大什器がお目見えしました。

大きなサムの“お腹”の中に夏の新商品がたくさん！この什器は、国内最大のディスプレイ見本市にも出展して話題を呼んだそうです。

こちらは貴重な一枚！ サンリオのロボットメーカー「ココロ」の1985年展示会に登場したサムの合唱隊です。何を歌っているのでしょうか……??

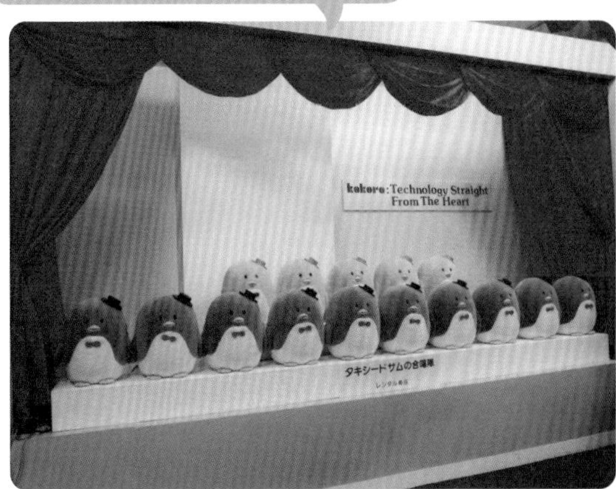

ズボンをはけないこと…。

ちょっぴり太めのサムは、バスト・ウエスト・ヒップがオール100cm！

HANGYODON

ハンギョドン

1985年の春に突如現れてみんなをギョッと驚かせたハンギョドン。
たちまち人気者となり、スター街道まっしぐら！
次々と繰り出される変装シリーズも大好評でした。

名前：ハンギョドン
デビュー年：1985年
誕生日：3月14日
家族：両親と兄と妹
性格：中国生まれの半魚人。人を笑わせることが得意。でも実はさびしがり屋のロマンチスト。いつもヒーローになりたがっているけれど、なぜかうまくいかない。
好きなもの：冷やし中華

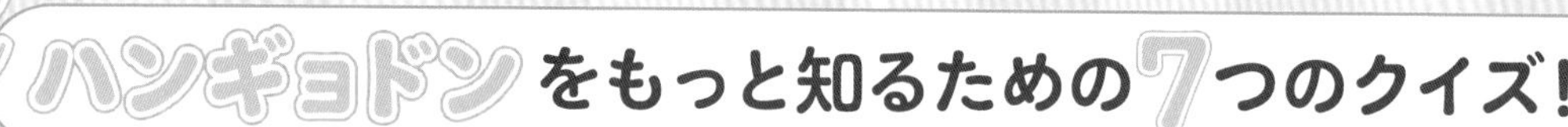

Q ハンギョドンをもっと知るための7つのクイズ！

Q1 ハンギョドンが食べると涙を流す食べ物は？

Q2 ハンギョドンの星座と血液型は？

Q3 大親友・タコのさゆりちゃんが好きな食べ物は？

Q4 仲間のオタマジャクシとイカの男のコの名前は？

Q5 1992年、93年に作られたハンギョドンのアニメシリーズ。
タイトルは「○○○○大作戦」？
①パラレル ②宇宙 ③忍者

Q6 ハンギョドンの初恋の女の子の名前は？

Q7 変装大好きハンギョドン！
1986年「半熟温泉」シリーズに続いて扮したのは？

A1 えびせん

えびせんを食べるとなぜか涙が出るクセは、ハンギョドンファンなら知ってて当然！

なんと、商品化！

えびせん（1986年）

A2 魚座のB型

ちなみに、大親友のタコのさゆりちゃんもB型。同じ血液型同士だから気があうのかも!?

A3 酢の物

ハンギョドンといつも一緒の、さゆりちゃん。明るく、元気で楽天家。酢の物好きのおかげか、体が柔らかいのでアクロバットが特技です。扇子が宝物。

A4 おたまろとイタロー

おたまろはハンギョドンの家の近くに住んでいる食いしん坊のオタマジャクシ。口癖は「オター、マロー」。イタローは几帳面で高い記憶力を持つイカの男のコ。

A5 ①「ハンギョドンのパラレル大作戦」

ハンギョドンたちが別の世界に旅して大冒険するアニメ「ハンギョドンのパラレル大作戦 -恐竜王国は大さわぎ-」(1992年)と「ハンギョドンのパラレル大作戦 -未来世界は大さわぎ-」(1993年)。どちらもアニメビデオとして発売されました。

イタローが「タイムクロゼット」を大発明したというニュースを聞き駆けつけたハンギョドンたち。ところがそのとき、悪名高き怪盗が間違ってタイムクロゼットに入ってしまい大騒ぎに。怪盗を追ってハンギョドンたちが行き着いた先は恐竜時代。果たして無事に元の世界に戻ってこられるのでしょうか……？

「ハンギョドンのパラレル大作戦　-恐竜王国は大さわぎ-」(1992年)

A6 きんぎょちゃん

ハンギョドンの初恋相手・キンギョちゃん。その正体はなんとハンギョドンが縁日のおじさんからもらった金魚。優しいハンギョドンのことを好きになった金魚が神様に祈り続けると、3日間限定の約束でガールフレンドに！ 原宿のバーで仲良くデートを楽しんだのでした。

「ハンギョドンのパラレル大作戦 -未来世界は大さわぎ-」(1993年)

無敵の秘密兵器「メタルハンギョドン」を使って未来世界を支配しようとしている悪の中華大人（だいじん）。未来の王女・キンギョちゃんは、7つの玉に想いを込めて伝説の7人の勇者に救いを求めた。時空を超え玉を受け取ったハンギョドンたちは未来世界へ向かい…。

このページに掲載している商品は現在販売されておりません。

A7 忍者

ハンギョドンの七変化！ どれもサマになっています。
新シリーズのグッズが発売されるたび大ヒットとなりました。

秘湯半熟温泉（1986年1月）

ひなびた秘湯に出かけたハンギョドンとさゆりちゃんがモチーフ。

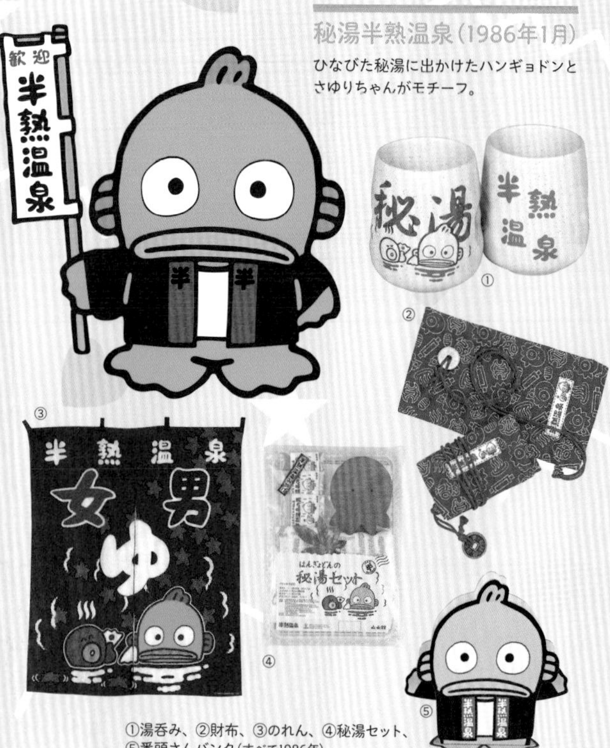

①湯呑み、②財布、③のれん、④秘湯セット、⑤番頭さんバンク（すべて1986年）

忍者もんじゃ（1986年5月）

温泉からなぜか忍者になって帰ってきたハンギョドン。秘伝「二分の四十八手忍術」を披露！

①ちょうちん、②のれん、③ケース入りガム、④ラムネ、⑤メモ、⑥風鈴（すべて1986年）

願ったり叶ったり（1986年12月）

七福神ルックに身を包み、みんなの願いを一緒に叶えてくれるハンギョドン。

①鈴振りバンク、②お祈り絵馬、③カセットインデックス、④のぼり（すべて1986年）

このページに掲載している商品は現在販売されておりません。

宇宙（1987年6月）

とうとう宇宙進出！
実はハンギョドンは宇宙生まれで、故郷の半熟星に帰ろうとしていたという噂が……。

①チョコペン、②風鈴、③レターセット、
④字消し（すべて1987年）

スパイ（1988年10月）

秘密大好きなハンギョドンが
スパイに変身！

①カンペンスタンド、②キーホルダー、
③ノート（すべて1988年）

シェフ（1989年9月）

シェフ・ハンギョドンの得意
メニューはオムライス!!

①カレンダー、②カセットテープ、
③ハンカチ（すべて1989年）

エビセンズバー（1987年10月）

蝶ネクタイをしたちょっと大人なハンギョドン。

①バンク（1987年）、②レターセット（1986年）

2010年代以降～

①ポケット付きポーチ（2015年）、②ポーチ
（2015年）、③お団子ふうマスコット（2019年）、
④靴下（2019年）、⑤巾着セット（2019年）

KEROKEROKEROPPI

けろけろけろっぴ

大きな目にまるいホッペがたまらなく可愛いけろっぴは、
1988年にデビューしたカエルの男のコ。
「ひっくりかえる」「ふりかえる」…お得意の言葉遊びも人気の秘密！

名前：けろけろけろっぴ
デビュー年：1988年
誕生日：7月10日
暮らしている場所：ドーナツ池の島にある「けろけろハウス」
家族：両親と、三つ子の姉のぴっき・弟のころっぴ
性格：元気いっぱいで冒険が大好き。ちょっとあわてんぼうだけど切り替えが早い。歌とダジャレが得意。
チャームポイント：大きな目。びっくりするとまつ毛が2本出る。
得意なこと：泳ぎ（特にクロール。カエル泳ぎは苦手）
苦手なもの：ヘビ

Q! けろっぴのことをもっと知るための7つのクイズ！

Q1 けろっぴの名字は？

Q2 親友・てるてるの特殊能力って？

Q3 けろっぴのお父さんのお仕事は何？

Q4 けろっぴがいつも大事に持っている宝物は？

Q5 けろっぴの商品が初めて登場したプロモーションは？
①梅雨　②クリスマス　③お正月

Q6 けろっぴの夏休みアニメ映画。91年公開のタイトルは？

Q7 けろっぴは毎朝何時に起きている？

A1 はすの上

けろっぴの本名は
「はすの上 けろっぴ」。
みなさん、
知ってましたか？

A2 予知能力

てるてるは、ドーナツ池のお天気をピッタリ当てることができるミラクルガール。
同じく仲良しのでんでんは、みんなと一緒にいるのが大好きで、気づくとけろっぴの横にいる。無口でおっとりした男のコ。

A3 お医者さん

どんな病気でも、けろっぴのお父さんに
診てもらえば見ちがえるほど元気になる！

ぴっきところっぴ
けろっぴのお姉さん・ぴっきは町中のみんなが振りかえるほどチャーミングな"カエル小町"。ベビーシッターをしています。
けろっぴにそっくり(!)な弟・ころっぴはコツコツ頑張る努力家さん。

お母さん
お母さんはお料理がとっても上手で小さなレストランを開いています。看板メニューはおにぎりとはすの形の目玉焼き。

お父さん

はすの上医院

けろりーぬ
料理とおしゃれが大好きな優しい女のコ。

キョロスケ
いつもキョロキョロ。目が良くて1キロ先まで見える！潜水も得意。

ガンタ
力持ちでいたずら好き。
特技は岩になれること!?

ノーベルン
物知りで頼りになる、発明大好きな男のコ。

けろっぺ
けろっぴのいとこ。
のんびり屋でおひとよし。

ドーナツ池の仲間たち

A4 仲間と撮った記念写真

仲間との記念写真が宝物。
友達思いのけろっぴなのでした！

①梅雨

87年、サンリオ社内デザイナーで雨の日キャラクターのカエルコンテストを開催！そこで選ばれたのがけろっぴ！ 翌年グッズデビューを果たしました。

デビュー時のグッズたち！

①

②

④

⑤

⑥

⑦

③

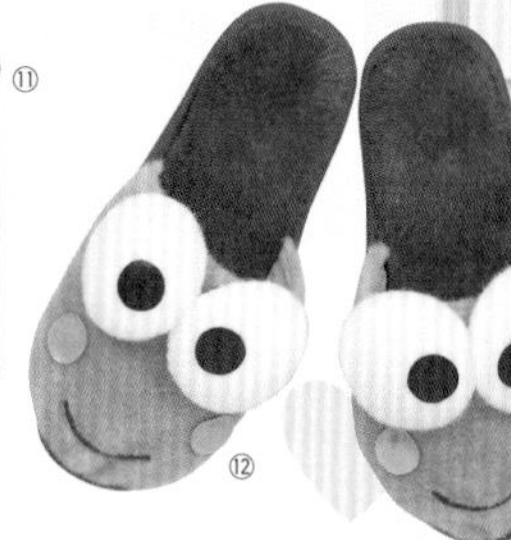

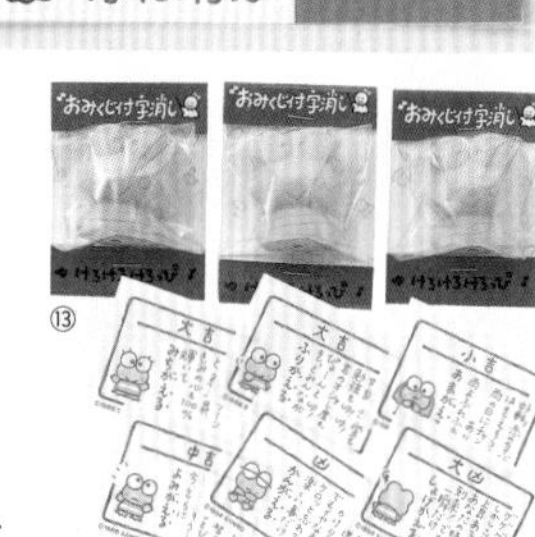

/ひっくり返る！\

⑧

⑨ ⑩ ⑪ ⑫ ⑬

①マスコット（1989年）、②くっつきメモ（1988年）、③水鉄砲セット（1988年）、④プラスチック製ペンケース（1988年）、⑤ぬいぐるみ（1988年）、⑥シャープペンシル（1988年）、⑦レターセット（1988年）、⑧メタルバッジ（1988年）、⑨ペンシルキャップセット（1989年）、⑩ダイカットうちわ（1988年）、⑪クリアバンク（1988年）、⑫マスコットスリッパ（1989年）、⑬おみくじ付き字消し（1988年）

A6 「けろけろけろっぴの三銃士」

1989～91年にかけて制作された「サンリオアニメフェスティバル」「サンリオ世界名作映画館」シリーズは、キャラクターたちが世界の名作童話の主人公を演じる人気の夏休み映画。けろっぴは90年と91年に登場しました。

「けろけろけろっぴの"大冒険"ふしぎな豆の木」（1990年）

けろっぴが大男から仲間を助けるために冒険の旅に出る物語。

「けろけろけろっぴの三銃士」（1991年）

「三銃士」の主役・ダルタニアンに大抜擢！ フランスを舞台に、悪者と対決を繰り広げました。

このページに掲載している商品は現在販売されておりません。

7時!!

毎朝7時に起きるけろっぴ。
ここでは、けろっぴの1日
を大公開します。

7:00am
ピョーンと
元気に起床！

7:30am
はみがきも忘れずに。

8:30am
家族で朝ごはんを
食べたらお出かけ。

10:00am
お勉強&
お絵かきタイム。

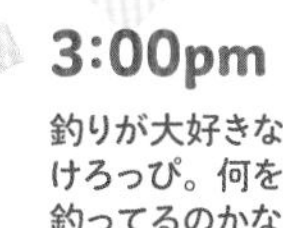

3:00pm
釣りが大好きな
けろっぴ。何を
釣ってるのかな？

5:00pm
お風呂に入って
リラックス。

8:00pm
就寝。今日も1日
楽しかった！

番外！

けろっぴが大得意な
「かえる言葉」(ダジャレ)！
あなたはいくつ
思いつきますか？

つっかえる

のりかえる

でんぐりがえる

ねがえる

入れかえる

むせかえる

われにかえる

ひっくりかえる

きがえる

かがえる

あきれかえる

顔色をかえる

わかがえる

つっかえる

AHIRUNOPEKKLE

あひるのペックル

1989年に誕生し、翌年夏にグッズデビューを飾ったあひるのペックル。
90年代前半、ポチャッコとともに一大ブームを巻き起こしました。
のんびり屋のペックルに癒されるファン続出！

名前：あひるのペックル
デビュー年：1989年
誕生日：7月27日
生まれた場所：オーストラリアのケアンズ
家族：両親と弟のピックル
性格：心の優しいあひるの男のコ。お人好しでのんびり屋だけど好奇心いっぱい。泳ぎが苦手で、歌とダンスが大好き。
特訓中のこと：タップダンス
夢：空を飛ぶこと

Q ペックルのことをもっと知るための7つのクイズ！

Q1 「ペックル」という名前の由来を知ってる？

Q2 ペックルの宝物って？

Q3 仲良しのさかなくんの名前は？

Q4 ペックルがコレクションしているものは？

Q5 ペックルのガールフレンドの名前は？

Q6 2014年、タキシードサム、ポチャッコと一緒のグッズシリーズになって登場したペックル。どんなふうに変身していた？

Q7 サンリオピューロランドで1992年から上演されたペックルとポチャッコのミュージカルのタイトルは？

英語“peck”から

“peck”は「くちばしでつっつく」という意味。好奇心旺盛なペックルは生まれたときからいろんなものをつついていたのかも。

A2 バケツ

ペックルの宝物はバケツ。青・赤・グレーなどいろいろな色があります。

ピッチ

ピッチにはソックリなきょうだい・チャップとランがいて、ペックルだけが見分けがつくそう！

ピッチ
ペックルとは大の仲良し。泳ぎも教えている。

チャップ

ラン

A4 Tシャツ

普段はイニシャルの“P”や魚のワンポイント柄を着ることが多いペックル。踊るときは音符のデザイン、飛ぶ練習をするときは鳥の模様…と、実はTPOにあわせたファッションを楽しんでいるのです。

ルビー

ルビーをはじめ、ペックルの友達が大集合！みんなペックルの大切な仲間です。

ルビー
ぐいぐいペックルを引っぱっていってしまう気が強いところもあるけれど、世話好きで、涙もろい一面も。

カール
何をするにもスマートで女のコにもモテモテ。実は高いところが苦手。

お調子者で3枚目だけど少し気の弱いところがある。強いブートにあこがれている。

ブート
力自慢でバーベルを持ち上げたりして身体をきたえている。フリルに片思いしている。

フリル
ルビーのいとこ。運動神経バツグンで力自慢のブートにも泳ぎや走りで負けない。オシャレ好き。

ぽっちゃり!!

2010年代に入り、70～90年代キャラの人気が再燃！ ペックルもタキシードサム、ポチャッコと一緒に久々にぽっちゃりして登場しました。

\1990年/

①

②

ぽっちゃりクッション(2014年)

③

④

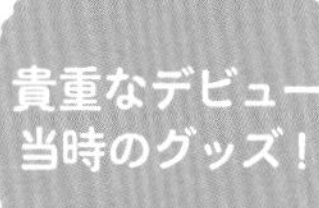

貴重なデビュー当時のグッズ！

⑦

⑤

\1991年/

⑥

⑧ ⑨

\1992年/

⑩

⑪

⑫

⑬

①キャッシュブック(1990年)、②ダイカットメモ(1990年)、③ビニールバケット(1990年)、④ハンカチ(1990年)、⑤コースター付きグラスセット(1990年)、⑥フラットケース(1991年)、⑦ビーチボール(1991年)、⑧エアーテニス(1991年)、⑨ぬいぐるみ(1991年)、⑩保冷ポッパー(1992年)、⑪ガラガラドール ミニ(1992年)、⑫ダイカットうちわ(1992年)、⑬ハンドタオル(1992年)

「ポチャッコとペックルの冒険」

今もピューロランドで大活躍！

願いを叶えてくれる魔法のクリスタルを求めて旅に出た、ふたりの冒険ミュージカル。

(1992年3月～1996年7月)

このページに掲載している商品は現在販売されておりません。

ペックルが小さかった頃の"ないしょ話"をこっそり教えます。
どうしてバケツが宝物になったの？ 泳ぎが苦手な理由は？
その秘密はぜんぶ小さな頃にありました。

ないしょ話①

ペックルの最初のお友達

それはペックルの２才の誕生日のこと。お父さんがペンギンのぬいぐるみをプレゼントしてくれました。ペックルはそのぬいぐるみに「ギンちゃん」と名づけて小さい頃はどこに行く時も連れて歩いていました。今でもペックルの部屋にいて、たまに悩みを聞いてもらっているのだそう。

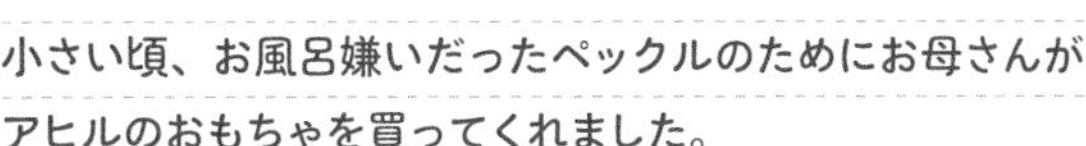

ないしょ話②

泳ぎが苦手になったわけ

小さい頃、お風呂嫌いだったペックルのためにお母さんがアヒルのおもちゃを買ってくれました。「おっきいアーちゃん」「まんなかアーちゃん」「ちっちゃいアーちゃん」と呼んで一緒に入るようになってからはお風呂が好きになりました。でもある日、お風呂でハシャギすぎておぼれそうになってから、泳ぐのが苦手になったのです。その後、お父さんが大きいアヒルさんをプレゼントしてくれて「おやぶん」と呼んでいます。

ないしょ話③

バケツが宝物になった話

お母さんがバケツを小物入れとして使っているのを見ていたペックルは、自分用のバケツをおねだりして買ってもらいました。イニシャルの「P」を書いてくれたのはお父さんです。その後、バケツを叩くといい音がすることを発見したペックルは、ドラム代わりにリズムをとるのがお気に入りになりました。

POCHACCO

ポチャッコ

1990年代前半、サンリオキャラクター大賞で常に上位をキープし、グッズも大人気となったポチャッコ。2010年代になると、再び人気が急上昇！

名前：ポチャッコ
デビュー年：1989年
誕生日：2月29日（うるう年生まれ）
暮らしている場所：ふわふわタウン
性格：好奇心旺盛でおっちょこちょい。
ちょっぴりおせっかいな、寄り道お散歩が大好きな犬の男のコ。
お友達もいっぱい！
好きな花：れんげ草
夢：バナナアイスをお腹いっぱい食べること

ポチャッコをもっと知るための7つのクイズ！

Q1 ポチャッコの名前の由来を知ってる？

Q2 ポチャッコが好きなことは？

Q3 ポチャッコの身長と体重は？

Q4 ポチャッコの1993年のアニメのタイトルは「○○○○○は大騒ぎ」？
①どきどきの池 ②にんじん畑 ③ぴきぴき公園

Q5 ポチャッコがサンリオキャラクター大賞で1位を獲った回数は？（※2021年時点）

Q6 ポチャッコの仲良し・三つ子のヒヨコたちの名前は？

Q7 2017年に、久しぶりにグッズシリーズが発売！ そのモチーフは？

A1

ぽちゃぽちゃしているから…

この"ぽちゃぽちゃ"がポチャッコの魅力！

A2

寄り道お散歩

何か聞こえると立ち止まり、何か見えると近づいて、何か動くと追いかける。まっすぐ歩こうとしてもついつい寄り道しちゃう……!!

A3

身長：
バナナアイスのラージサイズを4個積んだ高さ

体重：
おばけにんじん3個分

A4

②「ポチャッコのにんじん畑は大騒ぎ」

ポチャッコたちが暮らす「ふわふわタウン」の真ん中にある、みんなで作ったにんじん畑。そこで起こった事件とは？「ポチャッコのわくわくバースデー」(1993年)と一緒にアニメビデオになりました。

ポチャッコたちのにんじん畑から大切なにんじんが盗まれた！ ひょんなことから犯人扱いされた仲間のモグモグはショックのあまり家出。モグモグの無実を信じるポチャッコが夜のにんじん畑を見張っていると怪しい黒い影が…。

「ポチャッコのにんじん畑は大騒ぎ」(1993年)

「ポチャッコのわくわくバースデー」(1993年)

A5

5回!!

なんと、サンリオキャラクター大賞で1991年から1995年まで5連覇を達成したポチャッコ！
この5回という1位獲得数はハローキティに次ぐもので、その人気ぶりが伺えます。(※2021年時点)

2010年代の後半から人気が大復活したポチャッコ。再びキャラクター大賞上位の常連に！

2021年サンリオキャラクター大賞結果発表会より

A6 ピーちゃんズ

ポチャッコの大親友・ピーちゃんズは、きれいな歌声の三部合唱が得意！
ほかにもたくさんの仲間たちがいます。あなたは全員知っていますか？

ピーちゃんズ
（ピヨ・ピコ・ピーブ）

チョッピ▶
ちょっぴり甘えん坊な
ネズミの男のコ

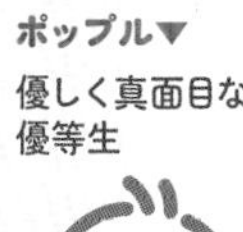

ポップル▼
優しく真面目な
優等生

モンモン▶
好奇心旺盛
で新しいも
の好き

サミュ▶
甘えん坊なネコ。
みんなに可愛がられている。

ピルル▶
いたずらが
大好きな女のコ

モグモグ▼
無口でのんびり
やのモグラさん。
いつも眠そう

ティッキー▶
思い立ったら
すぐ行動。
みんなを
ドッキリ
させることも

レイチェル▲
ハートのあったかい
スカンクの女のコ

マイム▶
マイペースな努力家

プレーリーズ▲
ドキドキ・ランラン・ナーニの
プレーリードッグの3きょうだい

ポチャッコの仲間たち

◀グリ
ちゃっかり者
でいたずら好
きなウサギの
男のコ

ラビ▶
グリの妹。いつも友達を
ニコニコにしちゃう

チュピ▶
お姉ちゃんの
ラビのうしろ
にくっついて
いる甘えん坊

ドッチ▲
おっちょこちょいで
ひょうきん者

フワフワ▼
赤ちゃんのおばけの
女のコ

メープル▼
のんびり屋で世話好きな
カモメさん

◀ポンチ
まわりを明るく
する元気者

タップ▶
あわてん坊でいつも
走り回っている

ペペ▶
なんでも知り
たがり。
どこにでも
行く行動派

スイム▲
いつもニコニコ
しているお茶目
なカモノハシ

トトラ▼
遊ぶことが大好きな
トラの男のコ

プクク▶
お昼寝が大好き。
泳ぎと潜水が得意な
アザラシの男のコ

ドリ▼
甘えん坊な赤ちゃん
イルカの女のコ

▲ジャンプ
のんびり屋で
とっても優しい

A7 アイスクリーム

2017年、久々に発売されたグッズシリーズは爽やかなパステルカラーのアイスがモチーフ。同時期、サンリオショップでは店頭イベントが開催されるなど、人気が大復活したのでした。

左からぬいぐるみ、iPhoneケース、ポーチ、ダイカットパスケース（すべて2017年）

90年代のグッズたち!!

\1989年/

左からペーパーバッグ、ノート（すべて1989年）

\1990年/

左からレターセット、ノート（すべて1990年）

\1992年/

ランチクロス（1992年）

\1993年/

左からフラップ付きノート、変身ぬいぐるみ、ジュースグラス（すべて1993年）

\1991年/

ビニールバケット（1991年）

\1994年/

左からウォッチ、陶器バンク、マスコットペイント（すべて1994年）

\1995年/

左から巾着、バスタオル（すべて1995年）

\1996年/

左からハンドタオル、プラカップ（すべて1996年）

\1997年/

左から交換日記、ノート（すべて1997年）

2010年代以降～

①プチタオル（2019年）、②スマホケース（2019年）、③ティッシュポーチ（2019年）、④ぬいぐるみ（2019年）

このページに掲載している商品は現在販売されておりません。

BAD BADTZ-MARU
バッドばつ丸

サンリオ初の“悪いコキャラ”として誕生したばつ丸は、
「いちご新聞」やグッズはもちろん、
サンリオピューロランドでもその個性を活かして大活躍！

名前：バッドばつ丸
デビュー年：1993年
誕生日：4月1日（エイプリルフール）
生まれた場所：ハワイ・オアフ島の洞窟の中
家族：両親と妹のつん子、
双子の弟妹・バッドツインズ
性格：いたずら好きであまのじゃくなペンギンの男のコ。ひねくれ者に見えるけど、本当はイイヤツ…？
好きな食べもの：銀座の高級お寿司、
ポリパリラーメン
将来の夢：社長になること

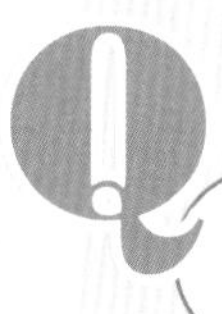

ばつ丸をもっと知るための8つのクイズ！

Q1 ばつ丸のつんつんヘアのつくり方、知ってる？
①ドライヤーで1時間つくり込む　②毎朝美容院に行く　③くしゃみで勢いをつけてセット

Q2 ばつ丸の特技は？

Q3 ばつ丸はパパ似？ ママ似？

Q4 可愛いペット・ワニの名前は？
①ポチ　②太郎　③ハチ

Q5 大親友、アザラシの男のコ・はな丸の特技は？

Q6 ばつ丸家の地下室。入り口はどこ？

Q7 ばつ丸が主演した短編映画のタイトルは？

Q8 ばつ丸のサンリオピューロランド・デビュー年は？

A1 ③くしゃみで勢いをつけてセット

ばつ丸独特のヘアスタイルのつくり方は2つ。ひとつは前の晩から専用のヘアセット機を使うこと。そしてもうひとつはなんとくしゃみ！

A2 逃げだすこと

こっそり足音をしのばせて逃げ出すのが得意なばつ丸。ほかにも、ピアノやバイオリンを弾くまねも得意だそう（家庭教師をつけているのに！）。

A3 完全にパパ似

パパ
超楽天家で
大のパチンコ好き

ママ
ばつ丸をエリートコース
にのせたいと思っている
教育ママ

バッドつん子
いたずら好きなば
つ丸の妹・つん子

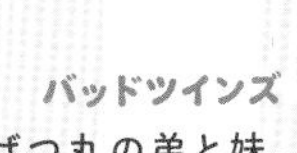
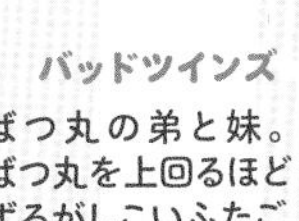

バッドツインズ
ばつ丸の弟と妹。
ばつ丸を上回るほど
ずるがしこいふたご

A4 ①ポチ

バッド家の番犬……では
なく番ワニ。歯が丈夫で
なんでもかじってしまう。

A5 ボールの曲芸

ばつ丸の親友・はな丸は、絵に描いたような良いコ。サッカーのヘディングも得意で自己ベストは連続99（キューキュー）回！

グッドはな丸
いつもニコニコ
優等生の男のコ

伊集院パンダバ
すごく根性の
ひん曲がった女のコ

はなたれカメ
とぼけた顔してクール

蘇我イルカ
何でも知ってる
天才児

野垣ゴロー
お金持ちでキザ

小川サメオ
ゴーカイ笑い上戸

ばつ丸の仲間たち

A6 ポチハウス
高級住宅街「ゴージャスタウン」の一角に立つばつ丸の家。一見普通の家に見えますが、実は豪華な地下室が広がっているのです。
パパ
外見
平凡すぎるほどの家
このワニのポチハウスが地下への出入り口だ！
全てすべり台でいける
エアロビクスルーム
どこにいこうか
カラオケ
PARAPIRO JARAJARA
レクリエーションルーム兼会議室
ひみつの大金庫
大金庫
流れ星だしてくれ
プラネタリウム
シアタールーム
男
温泉
室内プール
工事は進行中…部屋は増え続ける？
工事中
従業員（子分）アパート
どっかの地下鉄とつながっているとかいないとか…

A7 俺のポチは世界一

ポチがゴージャスタウンのペットNo.1コンテストに出場！ところがパンダバと優勝をめぐって大騒動に……。

短編アニメ「俺のポチは世界一」（1996年）

A8 1994年

キャラクターたちがマジックやかくし芸に挑戦する「キャラクター演芸会」。当時、お正月恒例だったこのイベントにばつ丸が登場。それから現在に至るまでサンリオピューロランドで大活躍！

「パニック イン サンリオタウン ばつ丸の逆襲」（1997年3月～2001年9月）

「サンリオスーパーレビュー ビバ!! エステ・デ・ピューロ」（1998年2月～2000年2月）

番外！

実は変装が得意なばつ丸。仲良しのはな丸と一緒にいろんな扮装を楽しんでいるようです。

＼まあ楽にしたまえ／
ゴホゴホ
ウォッホン

天使？悪魔？

＼入れ替わり！／
GOODばつ丸だ
BADはな丸だ

鬼退治！

'70s!!
毛がウザ～

料理の腕前は？

＼JKばつ丸／
サボろ…かな
キュッ

タネもしかけも…
ギャ～

ミイラ取りがミイラに
キュウキュウ

インタビュー

はぴだんぶいはこうして誕生した！

はぴだんぶい結成の秘密を大公開！
メンバーはどうやって選ばれたの？　一番反響があったチャレンジは…？
はぴだんぶいをプロデュースするサンリオマーケティング本部・すさ なおこさんに伺いました。

Q1

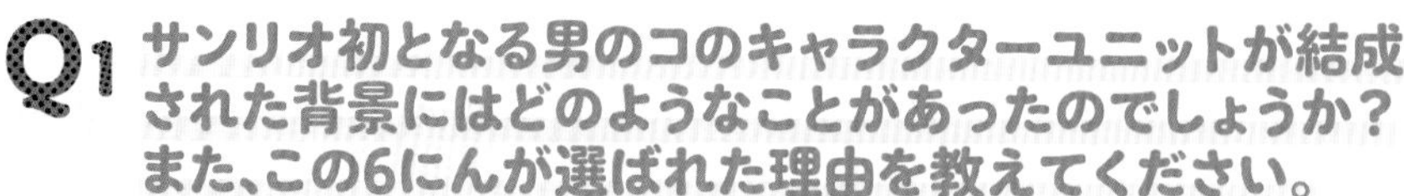

サンリオ初となる男のコのキャラクターユニットが結成された背景にはどのようなことがあったのでしょうか？
また、この6にんが選ばれた理由を教えてください。

A

2018年頃、日本に80年代ブームが到来していて、80年代の音楽やファッションが流行していましたが、キャラクターも例外ではなく、ポチャッコやタキシードサムにもその兆しが見えていました。そこで、単に各キャラクターを押し出すのではなく、キャラクター同士の関係性からそれぞれの個性をより深く知ってもらえるように、70年代～90年代の数キャラクターをユニットにし、まとめて"V字回復"させるのはどうか？　と考え企画提案をしました。すると、男のコキャラクターで初めてユニットを組むというところが面白いと捉えられ、無事企画が通り、ユニット結成に至ったのです。
ユニットを構成するメンバーは、栄光の時期も、あまり世に出ていない時期も、根強いファンの皆さまに愛され支えられてきた6にんを選びました。
この6にんが集まれば何かが起こせるのではないかと期待できました。

Q2 「はぴだんぶい」というユニット名の由来と、キャラクターコンセプトを教えてください。

A

「ハッピーになりたい男子たち」「V字回復をねらう」の頭文字をとって、「はぴだんぶい」と名付けました。
はぴだんぶい結成当初、はぴだんぶい企画チームでは、どんなコンセプトにするか、ああでもないこうでもない、と日々議論が白熱していました。当時は、はぴだんぶい企画チームでは毎日のようにミーティングをしていましたね。
その中で、「私たち自身が、はぴだんぶいに言ってもらいたいことってなんだろう？　はぴだんぶいだからこそ、言えることってなんだろう？」と考えた結果、今のコンセプトにたどり着いたのです。
はぴだんぶいのメンバー自身、あまり注目されない時代を過ごしてきた経緯があるので、そんな6にんから発せられる「ありのままの自分を認め合おう」というメッセージには、説得力があると思っています。見えない将来に悩んだり苦しんだりしながらも、前を向いて頑張りたい方々にとって、はぴだんぶいを見ることで少しでも勇気を持ってもらえればいいな、という思いで活動しています。

Q3 バンド、おしごと、ヒーロー…など、チャレンジテーマはどのように決まっていったのでしょうか。

A

活動を進める上で一番大切にしてきたのは、「6にんの個性を表現する」ことでした。
6にんそれぞれの違いを見せる方法として、いろいろなチャレンジに挑戦し、それに取り組む姿勢で個性の違いを表現する、という活動方針を設定しました。
チャレンジは主に、身近なことでファンの皆さまが共感できること、そしてはぴだんぶいらしさが出るものを意識して決めました。
特に反響があったのはデビュー時のバンドチャレンジです。KALMAさんに作っていただいた「ダイジョーブ」という曲がはぴだんぶいの伝えたいメッセージを凝縮した内容になっていて、ファンの皆さまの心にも響いたようでした。

Q4 著名人とのコラボなど、今の時代に合った自由で既成概念にとらわれない展開が特徴的ですね。

A はぴだんぶい自身が「V字回復を目指すユニットキャラクター」と宣言しているため、今の時代に合わせたV字回復の糸口をいつも探しています。また、SNSを積極的に活用し、主にTwitterに力を入れて展開しています。

Q5 6にんそれぞれの個性や、ファンから支持されているチャームポイントを教えてください。

A 6にんの個性は本当に面白いです。みんな一長一短です。
ポチャッコは、いろいろなことに興味があって好奇心旺盛ですが、おっちょこちょいなところがあります。バッドばつ丸は、いたずら好きで、みんなにちょっかいをかけますが、それがバッドばつ丸なりの愛情表現だったりします。
あひるのペックルは、お人よしのがんばり屋で、みんなから頼まれたことを断れなかったりします。タキシードサムは、ちょっぴりドジですが、けっこう知性派だったりします。
けろけろけろっぴは、切り替えが早く、いつでも元気いっぱい！ です。
ハンギョドンは寡黙に見えますが、実はユーモラスな性格です。
そんな彼らがユニットになったことにより、その違いを相対的に見られる楽しさがあります。

Q6 6にん一緒にいるとき、それぞれ普段とは違った面を見ることができてとても楽しいです。特に人気のユニット内コンビはいますか？

A ポチャッコとあひるのペックルは「ポチャペク」の愛称で人気です。
今までこのふたりでの活動は少なかったものの、ファンの皆さまから自然発生的に生まれたコンビだと認識しています。そうやってファンの皆さまに可愛がってもらえることは、とてもうれしいです。

Q7 結成から一番多かったファンからの声を教えてください。

A 一番多くいただいたのは、「はぴだんぶいが結成されたことにより、“推し”のグッズが増えてうれしい」という声です。元々根強いファンの皆さまに愛されてきた6にんが改めて注目されていくことは、ユニット結成の大きな目的の一つでもあったので本当にうれしいです。
また、はぴだんぶいのコンセプトに対して、共感した、勇気がもらえた、毎日曲を聞いています、といったコメントも多くいただいています。チーム一同本当に力になっています。

Q8 はぴだんぶいがサンリオの他のキャラクターへ与えた影響はありますか？

A サンリオキャラクターに影響があったかはわからないですが、新しくキャラクターを育てるにあたり、新規キャラクターを創出するだけでなく、時代の流れとともに埋もれてしまった既存のキャラクターに改めてスポットライトを当てるという手法は効果的であり、ファンの皆さまにも喜んでいただけることがある、という知見につながりました。

Q9 今後の活動の展望や、こんなふうに育っていってほしいという思いをお聞かせください。

A いろいろなことにチャレンジしてきたはぴだんぶいですが、早いもので、もうすぐデビュー2周年を迎えます。
ここで改めて、結成当初のコンセプトに立ち返り、「大丈夫！君は君のままで、きっとうまくいく。」「ありのままの自分を認め合おう」というメッセージを届けていきたいと思っています。
はぴだんぶい自身、V字回復を目指しているユニットです。6にんが目標に向かって頑張る姿を通して、少しでも皆さまにメッセージが届き、前向きな気持ちになっていただけたらと思っています。

はぴだんぶい HISTORY

2020年1月のデビューから本書でご紹介した2021年8月の「お笑いチャレンジ！」まで、はぴだんぶいの歩みを一挙振り返り！ たくさんのチャレンジとコラボの思い出がいっぱいです。

2020年1月 公式Twitterで始動！

1月31日、サンリオ初となるキャラクターユニットとして誕生！ みんなをハッピーにするために、6にんのチャレンジが始まりました。

▲公式ツイッターをフォローするとオリジナルBIGステッカーがもらえたプレゼントキャンペーン。

2020年2月 初のポップアップショップオープン！

デビュー記念ショップが東京・渋谷の東急東横店にオープン（2月15日～3月4日）。初のグッズも発売され開店前からファンの行列が！ さらに渋谷の6箇所に設置されたスタンプを集めるとピック型アクリルキーホルダーをもらえるスタンプラリーも実施されました。

＼スタンプラリー！／

2020年3月 バンドチャレンジ！

＼デビュー曲は「ダイジョーブ」！／

チャレンジ第1弾はバンド！ 3月1日におこなわれた生配信ライブイベントの総視聴者数はなんと20万人を超える人気ぶりでした。3月14日にはミュージックビデオも公開！

▶リニューアルしたsanrio vivitixサンシャインシティアルパ店がはぴだんぶい一色に！

2020年4月 おしごとチャレンジ！

みんなの役に立つため働かせてくれる企業を大募集！ 書店とコラボしたグッズ発売や、アパレルブランドでおしゃれなアイテムをプロデュースしました。

＼ヴィレッジヴァンガードとコラボ！／

左からフラットポーチ、アクリルキーホルダー。

2020年5月 おうちチャレンジ！

新型コロナウイルスの流行で外出が難しくなった時期、家での楽しい過ごし方をTwitterで大募集！

＼1日も早い収束を願って"アマビエ"ハンギョドンも登場！／

＼ぬりえ！／

2020年7月 エージェントシリーズ発売！オリジナルCMも放映！

新グッズシリーズ「エージェント」が発売（左下）。アニメ「ミュークルドリーミー」（テレビ東京）内でオリジナルCM（右下）の放送もスタートしました（全12本）。

▲オリジナルCM

2020年9月

ヒーローチャレンジ！

ハッピー戦隊★はぴだんぶい ミュージックビデオより

みんなのいろんな"モヤモヤ"を吹き飛ばすべく、はぴだんぶいがヒーローに変身！ 人気バンド・MONKEY MAJIKによる楽曲提供でヒーローソングも発表して大好評♪

▲ハンドタオル

2020年10月 「ナポリの男たち」とコラボ！ ポップアップショップも登場！

人気ゲーム実況グループ「ナポリの男たち」とコラボグッズを発表（オンライン受注販売）。ハンギョドンとペックルが「ナポリの男たち」のYouTubeチャンネルにも登場しました。

▲ぬいぐるみ

ナポリの怪人たち×はぴだんぶい in ピューロランド

2020年12月 ピューロランドのサンクスパーティーでライブ開催！

12月4日、サンリオピューロランド開業30周年記念イベント！「SANRIO THANKS PARTY 2020」で生ライブ配信！

＼初の公式LINEスタンプも発売★／

2021年1月

成田アニメデッキにコラボカフェオープン

成田空港にある体験型エンターテインメントショップでコラボカフェがスタート（1月13日～4月12日）。メンバーのラテアートや「モテチャレンジ」と連動した丼など人気メニューが揃いました。

フォトスポット！

2021年2月 モテチャレンジ！

「今年はモテたい！」とばつ丸の一声で始まったモテチャレンジ。伝説のプロレスラー・長州力さんに弟子入りしたり、人気動画クリエイターの@小豆さんに告白したり。結果はいかに…!?

＼Twitterフォロワー数10万人突破!!／

2021年6月 キャラ大コラボ部門上位独占！

第36回サンリオキャラクター大賞のコラボ部門で1位と2位を獲得！ 総合順位でもポチャッコが3位、タキシードサムが9位入賞と大健闘を見せました。

＼1位！／

＼2位！／

2021年7月 コラボ続々！

動画クリエイター・フィッシャーズとコラボしたプライズがモーリーファンタジーなどで登場！

2021年8月

お笑いチャレンジ！

人気芸人のEXITさんに弟子入り志願してお笑い修業！ キャラ大賞全員10位以内の人気者を目指してチャレンジがスタートしました。

この見開きに掲載している商品は現在販売されておりません。

サンリオキャラクターズ はぴだんぶいファンブック チャレンジ!

2021年11月25日　初版第1刷発行

編　者 グラフィック社編集部
発行者 長瀬 聡
発行所 株式会社 グラフィック社
〒102-0073 東京都千代田区九段北1-14-17
TEL 03-3263-4318　FAX 03-3263-5297
http://www.graphicsha.co.jp
振替 00130-6-114345
印刷・製本　図書印刷株式会社

ブックデザイン:松永 路
グッズ撮影(一部):弘田 充
編集:大庭久実(グラフィック社)

ISBN978-4-7661-3541-1 C0070
2021 Printed in Japan

本書に掲載されている商品には現在販売されていないものもあります。また、キャンペーンはすべて終了しています。
商品についてメーカー、関係者へのお問い合わせはご遠慮ください。
なお、各コーナーで紹介したリンク先の動画は、一定の公開期間が過ぎた際に予告なく削除される可能性があります。ご了承ください。

HAPIDANBUI

Hapidanbui
Hapidanbui
Hapidanbui

Hapidanbui

HAPIDANBUI
CHIPS
chocoberry
Hapidanbui
strawberry

HAPIDANBUI

HAPIDANBUI
HAPIDANBUI
HAPIDANBUI
HAPIDANBUI
CHIPS
Hapidanbui
HAPIDANBUI

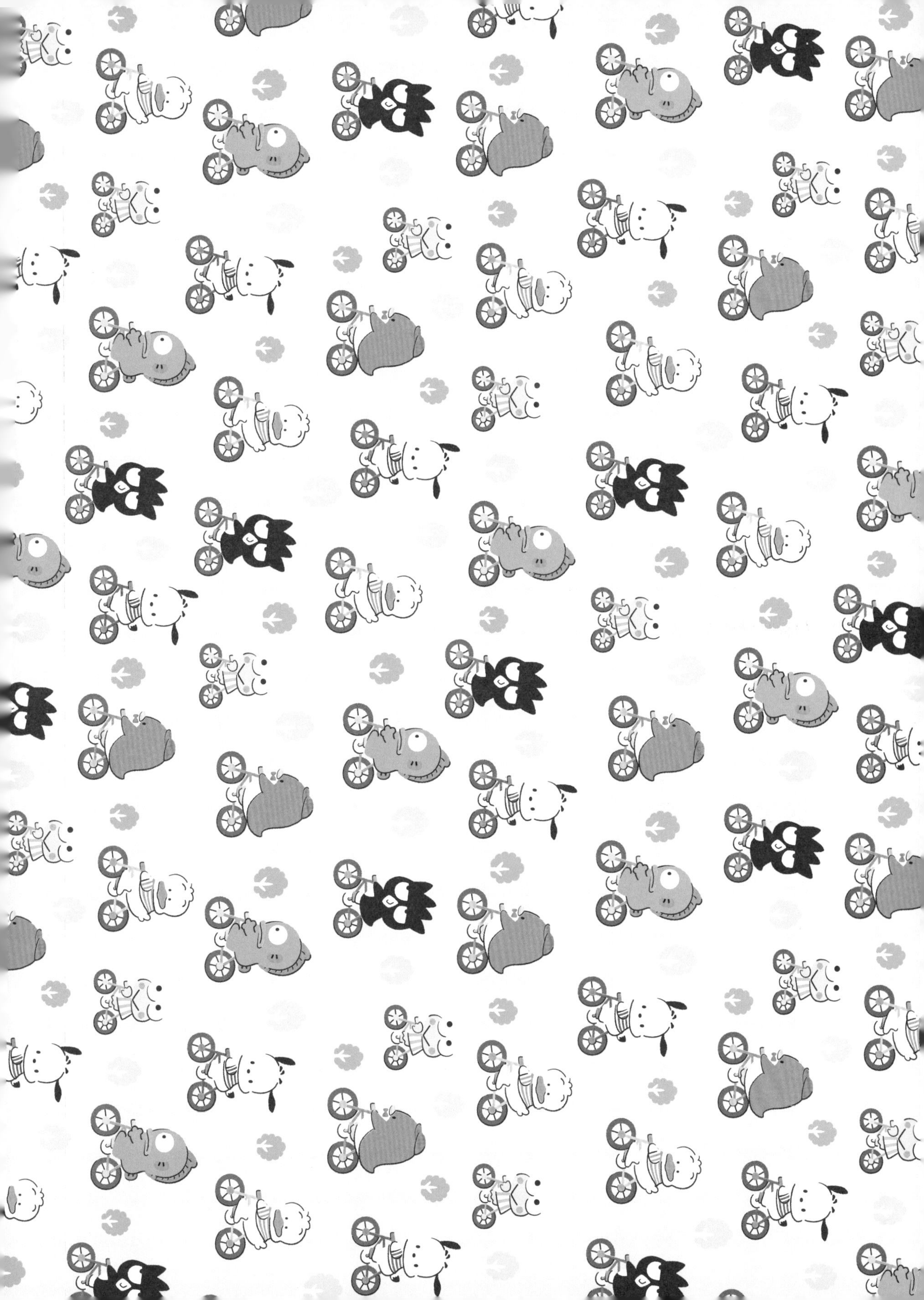

Hapidanbui

Let's ride like the wind!

What?
BOOM!
YEAHHHHH
HEY!
Go!
What?
We'll protect you!
WE ARE HEROES!
Go!
YEAHHHHH
HEY!
Go!
BOOM!
Go!
YEAHHHHH
What?
HEY!
BOOM!
Go!
WE ARE HEROES!

KEROKEROKEROPPI POCHACCO AHIRUNOPEKKLE
HANGYODON BAD BADTZ-MARU TUXEDOSAM

TUXEDOSAM
Hapidanbui
はぴだんぶい
HANGYODON
POCHACCO
BAD BADTZ-MARU
Hapidanbui
KEROKEROKEROPPI
BAD BADTZ-MARU
HANGYODON
Hapidanbui
はぴだんぶい
POCHACCO
HANGYODON
POCHACCO
Hapidanbui
Hapidanbui
Hapidanbui
はぴだんぶい
TUXEDOSAM
BAD BADTZ-MARU
AHIRUNOPEKKLE
TUXEDOSAM
Hapidanbui
KEROKEROKEROPPI

Hapidanbui
はぴだんぶい

AHIRUNOPEKKLE
HAPIDANBUI
Pochacco
AHIRUNOPEKKLE

HAPIDANBUI

HAPIDANBUI
We tried solo camping!
Even though we're apart,
we are together at heart!

HAPIDANBUI

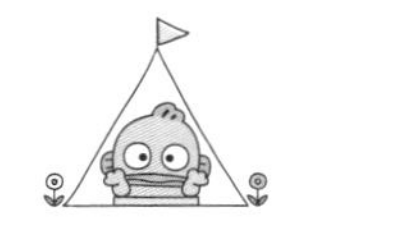

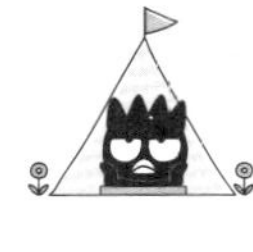

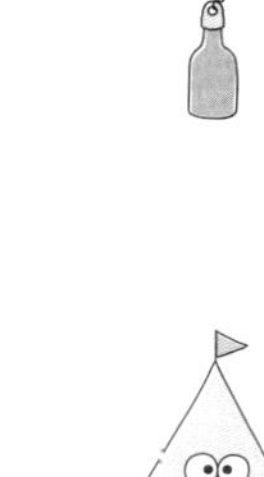

We tried solo camping!
Even though we're apart,
we are together at heart!

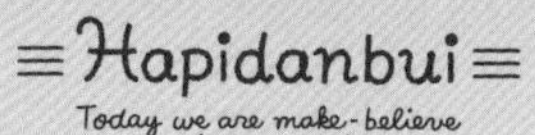
Hapidanbui
Today we are make-believe dinosaurs!